조리기능사 한식 실기

양진삼, 김정민 외 지음

저자소개

경록의 3박자를 갖춘 참신한 저자를 만나보세요.

첫째, 오랜 시간 수험 지도 노하우를 축적한 저자들
둘째, 대학의 조리전공 교수로서 조리계를 리드하는 저자들
셋째, 수험실기 감독 등 풍부한 시험 경험을 가진 저자들 등
경록의 저자는 완벽한 3박자를 갖추었습니다.

양진삼
국가공인 대한민국 조리기능장
《한국음식의 맛》 저자
《조리기능장 한식 실기》 저자
현) 서울종로조리기능장학원 대표

윤인정
국가공인 대한민국 조리기능장
대구한의대학교 이학박사
대구공업대학교 겸임교수
현) 참시루교육학원 원장

진경희
남부대 호텔조리학과 석사
한국국제요리경연대회 국무총리상 수상
사) 한국조리협회 상임이사
현) 광주직업전문학교 강사

김정민
국가공인 대한민국 조리기능장
FHC China Bronze (WACS) 2016
미국 Culinary Institute of America(CIA) 연수
현) 서울종로조리기능장학원 원장

곽정숙
뜨락 한정식 대표
국제요리경연대회 보건복지부 장관상
사) 한국조리협회 일반이사
현) 수라청 한정식 대표

윤종찬
국제요리제과경연대회 농림축산부 대상
사) 집단급식조리협회 상임이사
사) 한국조리협회 일반이사
현) 아워홈 중앙경찰학교

🍎 이영규

조리기능장
위덕대학교(외식산업학) 박사과정
학교식당(단체급식) 대표
현) 상원음식나라조리학원 원장

🍎 정인영

정인영의 스윗쿠킹 대표
사) 한국카빙데코레이션 푸드카빙 마스터
국제요리경연대회 해양수산부 장관상
현) 문화센터 요리강사

🍎 박정남

대구가톨릭대학교 일반대학원 박사과정
안동대학교 산학협력단 연구원
대경대학교 호텔외식조리학과 겸임교수
현) (주)예미정 종가음식체험관 교육원장

🍎 이금희

경희대학교 관광대학원 조리외식학과 관광학 석사
2010 근로자의 날 국무총리 표창
현) 메이필드 호텔 한식 총괄 조리장
　　메이필드 호텔 스쿨 겸임 교수

🍎 박용정

한성대학교 호텔관광외식경영학과 석사
국제요리경연대회 보건복지부 장관상
YJ 쿠킹스튜디오 대표
현) 중계종합사회복지관 조리과 강사

🍎 박경숙

국제요리경연대회 심사위원
국제요리경연대회 보건복지부 장관상
현) 닭터박 닭요리 창업컨설팅 대표
　　강화(숙) 식품사업부 대표

머리말

기본에 충실하라

윤인정

조리기능사를 준비할 때 대다수의 사람들이 한식조리기능사를 시작으로 합니다.

시험은 누구에게나 어렵고 힘든 일이지만 공부의 시작을 어떻게 하느냐에 따라 앞으로의 시험에 있어서도 어려움을 덜어낼 수 있습니다. 실습을 하기 전에 레시피를 충분히 숙지하고, 숙지가 되었으면 반복하여 실습하면서 과정을 머릿속으로 한 번 더 되짚어 봅니다. 결국 합격을 당락짓는 것은 '레시피를 완벽하게 숙지하고 있는가'하는 것입니다.

누구나 한번에 합격하기를 간절히 바라지만 합격으로 가는 길에 요령은 없습니다. 그저 묵묵히 기본에 충실하여 '본인이 얼마나 최선을 다하였는지' 만이 합격을 좌우할 것입니다.

여러분의 간절함이 보다 빨리 실현될 수 있도록 이 책이 합격으로 가는 지름길이 될 수 있기를 바라는 마음으로 만들었습니다.

모든 수험생 여러분에게 합격의 영광이 있기를 기원합니다.

조리기능사를 넘어 진정한 셰프가 되는 길잡이

이금희

근래에 우리의 음식문화는 급속하게 발전하고 변화하고 있습니다. 오늘날 사람들은 많이 먹는 것보다 무엇을 먹어야 행복하고 건강해지는지에 더 관심을 두고 있고 그 결과 맛이 있으면서 건강을 지켜줄 수 있는 식품의 재료와 조리방법에 대한 관심이 증가하고 있습니다.

한식은 영양적으로 우수하고 계절적·지역적으로 다양한 음식이 발달하였습니다. 이러한 한국음식에 대한 일반인의 관심이 증가함과 동시에 한국음식의 조리법을 좀 더 체계적이고 효율적으로 개발하기 위한 작업들도 진행되고 있습니다. 따라서 전문화된 자격증을 보유하는 것이 외식산업에 종사하게 될 수험생 여러분들의 경쟁력이 될 것입니다.

호텔 한식당의 조리장으로 근무한 다년간의 경험을 지니고 있는 저자는 풍부한 실무 경험과 현장 지식을 바탕으로 한국음식의 발전과 수험생 여러분들이 한식조리기능사를 넘어 진정한 셰프가 되는 데 도움이 되고자 합니다.

역량은 선택이 아닌 필수

박용정

　근현대사회는 세계화, 다원화로 넘쳐나는 정보의 공간에서 많은 이들이 지식과 기술의 변화를 경험하고 있으며, 모든 분야에서 전문성을 띠는 형태로 변화하였다. 따라서 조리 분야에 관심을 가지고 준비하시는 분들은 조리 관련 전문적인 지식과 기술을 습득하여 역량을 키우는 것은 선택이 아니라 필수임을 인식해야 한다. 국가기술자격증인 한식조리기능사의 품목중 "재료 썰기"는 완성된 요리가 아닌 가장 기본적인 기본기를 보겠다는 의도로 만들어진 품목이다. 여러 분야의 조리기능사 자격증 중 첫 디딤을 한식조리기능사로 기본적인 기술을 습득하고 나면 다른 분야의 조리기능사에서 보다 쉽게 접근할 수 있으며, 이후에는 좀더 전문적인 지식과 기술을 요하는 조리산업기사, 조리기능장에도 준비할 수 있는 역량이 갖춰질 것임을 믿어 의심치 않는다. 이에 본서는 국가기술자격증인 한식조리기능사를 쉽게 접근할 수 있도록 과정 컷 하나하나에 충실히 하여 조리과정에서 핵심 포인트와 주의할 점들을 이해하기 쉽게 정리하였다. 본서와 함께하는 예비한식조리기능사들의 합격을 진심으로 기원하며…….

시험안내

1 필기 & 실기시험 원서접수 / 시험시행 일정

1. 한식 / 양식 / 중식 / 일식 조리기능사 (상시시험)
- 접수방법 : 한국산업인력공단 인터넷검정정보시스템(http://www.q-net.or.kr)
- 접수시간 : 원서접수 시작일 10:00~마감일 18:00까지
- 합격자발표 : 시험종료 즉시

2. 복어 조리기능사 (정기시험)
- 원서접수 : 한국산업인력공단 인터넷검정정보시스템(http://www.q-net.or.kr)
- 접수시간 : 원서접수 시작일 09:00~마감일 18:00까지
- 합격자발표 : 해당 합격자 발표일 09:00부터

2 필기시험 안내

1. 출제경향
- 산업현장에서 직무를 수행하기 위해 요구되는 지식, 기술, 태도 등에 관한 내용을 위주로 자격시험을 구성

2. 검정방법
- 객관식 4지선다형, 총 60문항 / 60분

3. 합격기준
- 100점 만점에 60점 이상 취득 시 (60문항 중 36문항 이상 정답 시 합격)

③ 실기시험 안내

1. 출제경향
- 요구사항을 준수하여 실기시험 메뉴 2가지를 지정된 시간에 지급된 재료를 이용해 만드는 작업

2. 주요 평가내용
- 위생상태(개인 및 조리과정)
- 조리의 기술(조리기구 취급, 동작, 순서, 재료다듬기 방법)
- 작품의 평가
- 정리정돈 및 청소

3. 검정방법
- 작업형(약 60~70분)

4. 합격기준
- 100점 만점에 60점 이상 취득 시

출제기준(필기)

직무 분야	음식서비스	중직무 분야	조리	자격 종목	한식조리기능사	적용 기간	2020. 1. 1 ~ 2022. 12. 31.

○ **직무내용** : 한식메뉴 계획에 따라 식재료를 선정, 구매, 검수, 보관 및 저장하며 맛과 영양을 고려하여 안전하고 위생적으로 음식을 조리하고 조리기구와 시설관리를 수행하는 직무이다.

필기검정방법	객관식	문제수	60	시험시간	1시간

필기과목명	출제문제수	주요항목	세부항목	세세항목
한식 재료관리, 음식조리 및 위생관리	60	1. 한식 위생관리	1. 개인 위생관리	1. 위생관리기준 2. 식품위생에 관련된 질병
			2. 식품 위생관리	1. 미생물의 종류와 특성 2. 식품과 기생충병 3. 살균 및 소독의 종류와 방법 4. 식품의 위생적 취급기준 5. 식품첨가물과 유해물질
			3. 주방 위생관리	1. 주방위생 위해요소 2. 식품안전관리인증기준(HACCP) 3. 작업장 교차오염발생요소
			4. 식중독 관리	1. 세균성 식중독 2. 자연독 식중독 3. 화학적 식중독 4. 곰팡이 독소
			5. 식품위생 관계 법규	1. 식품위생법 및 관계법규 2. 제조물책임법
			6. 공중 보건	1. 공중보건의 개념 2. 환경위생 및 환경오염 관리 3. 역학 및 감염병 관리
		2. 한식 안전관리	1. 개인안전 관리	1. 개인 안전사고 예방 및 사후 조치 2. 작업 안전관리
			2. 장비·도구 안전작업	1. 조리장비·도구 안전관리 지침

필기과목명	출제문제수	주요항목	세부항목	세세항목
			3. 작업환경 안전관리	1. 작업장 환경관리 2. 작업장 안전관리 3. 화재예방 및 조치방법
		3. 한식 재료관리	1. 식품재료의 성분	1. 수분 2. 탄수화물 3. 지질 4. 단백질 5. 무기질 6. 비타민 7. 식품의 색 8. 식품의 갈변 9. 식품의 맛과 냄새 10. 식품의 물성 11. 식품의 유독성분
			2. 효소	1. 식품과 효소
			3. 식품과 영양	1. 영양소의 기능 및 영양소 섭취기준
		4. 한식 구매관리	1. 시장조사 및 구매관리	1. 시장 조사 2. 식품구매관리 3. 식품재고관리
			2. 검수 관리	1. 식재료의 품질 확인 및 선별 2. 조리기구 및 설비 특성과 품질 확인 3. 검수를 위한 설비 및 장비 활용 방법
			3. 원가	1. 원가의 의의 및 종류 2. 원가분석 및 계산
		5. 한식 기초 조리실무	1. 조리 준비	1. 조리의 정의 및 기본 조리조작 2. 기본조리법 및 대량 조리기술 3. 기본 칼 기술 습득 4. 조리기구의 종류와 용도 5. 식재료 계량방법 6. 조리장의 시설 및 설비 관리
			2. 식품의 조리원리	1. 농산물의 조리 및 가공·저장 2. 축산물의 조리 및 가공·저장 3. 수산물의 조리 및 가공·저장

필기과목명	출제문제수	주요항목	세부항목	세세항목
				4. 유지 및 유지 가공품 5. 냉동식품의 조리 6. 조미료와 향신료
		6. 한식 밥 조리	1. 밥 조리	1. 밥 재료 준비 2. 밥 조리 3. 밥 담기
		7. 한식 죽 조리	1. 죽 조리	1. 죽 재료 준비 2. 죽 조리 3. 죽 담기
		8. 한식 국·탕 조리	1. 국·탕 조리	1. 국·탕 재료 준비 2. 국·탕 조리 3. 국·탕 담기
		9. 한식 찌개 조리	1. 찌개 조리	1. 찌개 재료 준비 2. 찌개 조리 3. 찌개 담기
		10. 한식 전·적 조리	1. 전·적 조리	1. 전·적 재료 준비 2. 전·적 조리 3. 전·적 담기
		11. 한식 생채·회 조리	1. 생채·회 조리	1. 생채·회 재료 준비 2. 생채·회 조리 3. 생채·회 담기
		12. 한식 조림·초 조리	1. 조림·초 조리	1. 조림·초 재료 준비 2. 조림·초 조리 3. 조림·초 담기
		13. 한식 구이 조리	1. 구이 조리	1. 구이 재료 준비 2. 구이 조리 3. 구이 담기
		14. 한식 숙채 조리	1. 숙채 조리	1. 숙채 재료 준비 2. 숙채 조리 3. 숙채 담기
		15. 한식 볶음 조리	1. 볶음 조리	1. 볶음 재료 준비 2. 볶음 조리 3. 볶음 담기

출제기준(실기)

직무분야	음식서비스	중직무분야	조리	자격종목	한식조리기능사	적용기간	2020. 1. 1 ~ 2022. 12. 31.

○ **직무내용** : 한식메뉴 계획에 따라 식재료를 선정, 구매, 검수, 보관 및 저장하며 맛과 영양을 고려하여 안전하고 위생적으로 음식을 조리하고 조리기구와 시설관리를 수행하는 직무이다.

○ **수행준거** : 1. 음식조리 작업에 필요한 위생관련 지식을 이해하고, 주방의 청결상태와 개인위생·식품위생을 관리하여 전반적인 조리작업을 위생적으로 수행할 수 있다.
　　　　　　 2. 한식조리를 수행함에 있어 칼 다루기, 기본 고명 만들기, 한식 기초 조리법 등 기본적인 지식을 이해하고 기능을 익혀 조리업무에 활용할 수 있다.
　　　　　　 3. 쌀을 주재료로 하거나 혹은 다른 곡류나 견과류, 육류, 채소류, 어패류 등을 섞어 물을 붓고 강약을 조절하여 호화되게 밥을 조리할 수 있다.
　　　　　　 4. 곡류 단독으로 또는 곡류와 견과류, 채소류, 육류, 어패류 등을 함께 섞어 물을 붓고 불의 강약을 조절하여 호화되게 죽을 조리할 수 있다.
　　　　　　 5. 육류나 어류 등에 물을 많이 붓고 오래 끓이거나 육수를 만들어 채소나 해산물, 육류 등을 넣어 한식 국·탕을 조리할 수 있다.
　　　　　　 6. 육수나 국물에 장류나 젓갈로 간을 하고 육류, 채소류, 버섯류, 해산물류를 용도에 맞게 썰어 넣고 함께 끓여서 한식 찌개를 조리할 수 있다.
　　　　　　 7. 육류, 어패류, 채소류 등의 재료를 익기 쉽게 썰고 그대로 혹은 꼬치에 꿰어서 밀가루와 달걀을 입힌 후 기름에 지져서 한식 전·적 조리를 할 수 있다.
　　　　　　 8. 채소를 살짝 절이거나 생것을 양념하여 생채·회 조리를 할 수 있다.

실기검정방법	작업형	시험시간	70분 정도

실기과목명	주요항목	세부항목	세세항목
한식 조리 실무	1. 한식 위생관리	1. 개인위생 관리하기	1. 위생관리기준에 따라 조리복, 조리모, 앞치마, 조리안전화 등을 착용할 수 있다 2. 두발, 손톱, 손 등 신체청결을 유지하고 작업수행 시 위생습관을 준수할 수 있다. 3. 근무 중의 흡연, 음주, 취식 등에 대한 작업장 근무수칙을 준수할 수 있다. 4. 위생관련법규에 따라 질병, 건강검진 등 건강상태를 관리하고 보고할 수 있다.
		2. 식품위생 관리하기	1. 식품의 유통기한·품질 기준을 확인하여 위생적인 선택을 할 수 있다.

필기과목명	주요항목	세부항목	세세항목
			2. 채소·과일의 농약 사용여부와 유해성을 인식하고 세척할 수 있다. 3. 식품의 위생적 취급기준을 준수할 수 있다. 4. 식품의 반입부터 저장, 조리과정에서 유독성, 유해 물질의 혼입을 방지할 수 있다.
		3. 주방위생 관리하기	1. 주방 내에서 교차오염 방지를 위해 조리생산 단계별 작업공간을 구분하여 사용할 수 있다. 2. 주방위생에 있어 위해요소를 파악하고, 예방할 수 있다. 3. 주방, 시설 및 도구의 세척, 살균, 해충·해서 방제 작업을 정기적으로 수행할 수 있다. 4. 시설 및 도구의 노후상태나 위생상태를 점검하고 관리할 수 있다. 5. 식품이 조리되어 섭취되는 전 과정의 주방 위생 상태를 점검하고 관리할 수 있다. 6. HACCP 적용업장의 경우 HACCP 관리기준에 의해 관리할 수 있다.
	2. 한식 안전관리	1. 개인안전 관리하기	1. 안전관리 지침서에 따라 개인 안전관리 점검표를 작성할 수 있다. 2. 개인안전사고 예방을 위해 도구 및 장비의 정리정돈을 상시할 수 있다. 3. 주방에서 발생하는 개인 안전사고의 유형을 숙지하고 예방을 위한 안전수칙을 지킬 수 있다. 4. 주방 내 필요한 구급품이 적정 수량 비치되었는 지 확인하고 개인 안전 보호 장비를 정확하게 착용하여 작업할 수 있다. 5. 개인이 사용하는 칼에 대해 사용안전, 이동안전, 보관안전을 수행할 수 있다. 6. 개인의 화상사고, 낙상사고, 근육팽창과 골절사고, 절단사고, 전기기구에 인한 전기 쇼크 사고, 화재사고와 같은 사고 예방을 위해 주의사항을 숙지하고 실천할 수 있다. 7. 개인 안전사고 발생 시 신속 정확한 응급 조치를 실시하고 재발 방지 조치를 실행할 수 있다.

실기과목명	주요항목	세부항목	세세항목
		2. 장비 · 도구 안전작업하기	1. 조리장비 · 도구에 대한 종류별 사용방법에 대해 주의사항을 숙지할 수 있다. 2. 조리장비 · 도구를 사용 전 이상 유무를 점검할 수 있다. 3. 안전 장비류 취급 시 주의사항을 숙지하고 실천할 수 있다. 4. 조리장비 · 도구를 사용 후 전원을 차단하고 안전수칙을 지키며 분해하여 청소할 수 있다. 5. 무리한 조리장비 · 도구 취급은 금하고 사용 후 일정한 장소에 보관하고 점검할 수 있다. 6. 모든 조리장비 · 도구는 반드시 목적 이외의 용도로 사용하지 않고 규격품을 사용할 수 있다.
		3. 작업환경 안전관리하기	1. 작업환경 안전관리 시 작업환경 안전관리 지침서를 작성할 수 있다. 2. 작업환경 안전관리 시 작업장 주변 정리정돈 등을 관리 점검할 수 있다. 3. 작업환경 안전관리 시 제품을 제조하는 작업장 및 매장의 온 · 습도 관리를 통하여 안전사고요소 등을 제거할 수 있다. 4. 작업장 내의 적정한 수준의 조명과 환기, 이물질, 미끄럼 및 오염을 방지할 수 있다. 5. 작업환경에서 필요한 안전관리시설 및 안전용품을 파악하고 관리할 수 있다. 6. 작업환경에서 화재의 원인이 될 수 있는 곳을 자주 점검하고 화재진압기를 배치하고 사용할 수 있다. 7. 작업환경에서의 유해, 위험, 화학 물질을 처리기준에 따라 관리할 수 있다. 8. 법적으로 선임된 안전관리책임자가 정기적으로 안전교육을 실시하고 이에 참여할 수 있다.
	3. 한식 기초 조리실무	1. 기본 칼 기술 습득하기	1. 칼의 종류와 사용용도를 이해할 수 있다. 2. 기본 썰기 방법을 습득할 수 있다. 3. 조리목적에 맞게 식재료를 썰 수 있다. 4. 칼을 연마하고 관리할 수 있다.

실기과목명	주요항목	세부항목	세세항목
		2. 기본 기능 습득하기	1. 한식 기본양념에 대한 지식을 이해하고 습득할 수 있다. 2. 한식 고명에 대한 지식을 이해하고 습득할 수 있다. 3. 한식 기본 육수조리에 대한 지식을 이해하고 습득할 수 있다. 4. 한식 기본 재료와 전처리 방법, 활용방법에 대한 지식을 이해하고 습득할 수 있다.
		3. 기본 조리법 습득하기	1. 한식 음식종류와 상차림에 대한 지식을 이해하고 습득할 수 있다. 2. 조리도구의 종류 및 용도를 이해하고 적절하게 사용할 수 있다. 3. 식재료의 정확한 계량방법을 습득할 수 있다. 4. 한식 기본 조리법과 조리원리에 대한 지식을 이해하고 습득할 수 있다. 5. 조리 업무 전과 후의 상태를 점검하고 정리할 수 있다.
	4. 한식 밥 조리	1. 밥 재료 준비하기	1. 쌀과 잡곡의 비율을 필요량에 맞게 계량할 수 있다. 2. 쌀과 잡곡을 씻고 용도에 맞게 불리기를 할 수 있다. 3. 부재료는 조리법에 맞게 손질할 수 있다. 4. 돌솥, 압력솥 등 사용할 도구를 선택하고 준비할 수 있다.
		2. 밥 조리하기	1. 밥의 종류와 형태에 따라 조리시간과 방법을 조절할 수 있다. 2. 조리도구, 조리법과 쌀, 잡곡의 재료특성에 따라 물의 양을 가감할 수 있다. 3. 조리도구와 조리법에 맞도록 화력 조절, 가열시간 조절, 뜸들이기를 할 수 있다.
		3. 밥 담기	1. 조리 종류와 색, 형태, 인원수, 분량 등을 고려하여 그릇을 선택할 수 있다. 2. 밥을 따뜻하게 담아낼 수 있다. 3. 조리 종류에 따라 나물 등 부재료와 고명을 얹거나 양념장을 곁들일 수 있다.

실기과목명	주요항목	세부항목	세세항목
	5. 한식 죽 조리	1. 죽 재료 준비하기	1. 사용할 도구를 선택하고 준비할 수 있다. 2. 쌀 등 곡류와 부재료를 필요량에 맞게 계량할 수 있다. 3. 조리법에 따라서 쌀 등 재료를 갈거나 분쇄할 수 있다. 4. 부재료는 조리법에 맞게 손질할 수 있다. 5. 사용할 도구를 선택하고 준비할 수 있다.
		2. 죽 조리하기	1. 죽의 종류와 형태에 따라 조리시간과 방법을 조절할 수 있다. 2. 조리도구, 조리법, 쌀과 잡곡의 재료특성에 따라 물의 양을 가감할 수 있다. 3. 조리도구와 조리법, 재료특성에 따라 화력과 가열시간을 조절할 수 있다.
		3. 죽 담기	1. 조리 종류와 색, 형태, 인원수, 분량 등을 고려하여 그릇을 선택할 수 있다. 2. 죽을 따뜻하게 담아낼 수 있다. 3. 조리 종류에 따라 고명을 올릴 수 있다.
	6. 한식 국·탕 조리	1. 국·탕 재료 준비하기	1. 조리 종류에 맞추어 도구와 재료를 준비할 수 있다. 2. 조리에 사용하는 재료를 필요량에 맞게 계량할 수 있다. 3. 재료에 따라 요구되는 전 처리를 수행할 수 있다. 4. 찬물에 육수재료를 넣고 끓이는 시간과 불의 강도를 조절할 수 있다. 5. 끓이는 중 부유물을 제거하여 맑은 육수를 만들 수 있다. 6. 육수의 종류에 따라 냉·온으로 보관할 수 있다.
		2. 국·탕 조리하기	1. 물이나 육수에 재료를 넣어 끓일 수 있다. 2. 부재료와 양념을 적절한 시기와 분량에 맞춰 첨가할 수 있다. 3. 조리 종류에 따라 끓이는 시간과 화력을 조절할 수 있다. 4. 국·탕의 품질을 판정하고 간을 맞출 수 있다.

실기과목명	주요항목	세부항목	세세항목
		3. 국·탕 담기	1. 조리 종류와 색, 형태, 인원수, 분량 등을 고려하여 그릇을 선택할 수 있다. 2. 국·탕은 조리 종류에 따라 온·냉 온도로 제공할 수 있다. 3. 국·탕은 국물과 건더기의 비율에 맞게 담아낼 수 있다. 4. 국·탕의 종류에 따라 고명을 활용할 수 있다.
	7. 한식 찌개 조리	1. 찌개 재료 준비하기	1. 조리 종류에 맞추어 도구와 재료를 준비한다. 2. 조리에 사용하는 재료를 필요량에 맞게 계량한다. 3. 재료에 따라 요구되는 전 처리를 수행할 수 있다. 4. 찬물에 육수 재료를 넣고 서서히 끓일 수 있다. 5. 끓이는 중 부유물과 기름이 떠오르면 걷어내어 제거할 수 있다. 6. 조리 종류에 따라 끓이는 시간과 불의 강도를 조절할 수 있다.
		2. 찌개 조리하기	1. 채소류 중 단단한 재료는 데치거나 삶아서 사용할 수 있다. 2. 조리법에 따라 재료는 양념하여 밑간할 수 있다. 3. 육수에 재료와 양념을 첨가 시점을 조절하여 넣고 끓일 수 있다.
		3. 찌개 담기	1. 조리 종류와 색, 형태, 인원수, 분량 등을 고려하여 그릇을 선택할 수 있다. 2. 조리 특성에 맞게 건더기와 국물의 양을 조절할 수 있다. 3. 온도를 뜨겁게 유지하여 제공할 수 있다.
	8. 한식 전·적 조리	1. 전·적 재료 준비하기	1. 전·적의 조리 종류에 따라 도구와 재료를 준비할 수 있다. 2. 조리에 사용하는 재료를 필요량에 맞게 계량할 수 있다. 3. 전·적의 종류에 따라 재료를 전 처리하여 준비할 수 있다.
		2. 전·적 조리하기	1. 밀가루, 달걀 등의 재료를 섞어 반죽 물 농도를 맞출 수 있다.

실기과목명	주요항목	세부항목	세세항목
			2. 조리의 종류에 따라 속 재료 및 혼합재료 등을 만들 수 있다. 3. 주재료에 따라 소를 채우거나 꼬치를 활용하여 전·적의 형태를 만들 수 있다. 4. 재료와 조리법에 따라 기름의 종류·양과 온도를 조절하여 지져낼 수 있다.
		3. 전·적 담기	1. 조리 종류와 색, 형태, 인원수, 분량 등을 고려하여 그릇을 선택할 수 있다. 2. 전·적의 조리는 기름을 제거하여 담아낼 수 있다. 3. 전·적 조리를 따뜻한 온도, 색, 풍미를 유지하여 담아낼 수 있다.
	9. 한식 생채·회 조리	1. 생채·회 재료 준비하기	1. 생채·회의 종류에 맞추어 도구와 재료를 준비할 수 있다. 2. 조리에 사용하는 재료를 필요량에 맞게 계량할 수 있다. 3. 재료에 따라 요구되는 전 처리를 수행할 수 있다.
		2. 생채·회 조리하기	1. 양념장 재료를 비율대로 혼합·조절할 수 있다. 2. 재료에 양념장을 넣고 잘 배합되도록 무칠 수 있다. 3. 재료에 따라 회·숙회로 만들 수 있다.
		3. 생채·회 담기	1. 조리 종류와 색, 형태, 인원수, 분량 등을 고려하여 그릇을 선택할 수 있다. 2. 생채·회 그릇에 담아낼 수 있다. 3. 회는 채소를 곁들일 수 있다.
	10. 한식 구이 조리	1. 구이 재료 준비하기	1. 구이의 종류에 맞추어 도구와 재료를 준비할 수 있다. 2. 조리에 사용하는 재료를 필요량에 맞게 계량할 수 있다. 3. 재료에 따라 요구되는 전 처리를 수행할 수 있다.
		2. 구이 조리하기	1. 구이 종류에 따라 유장처리나 양념을 할 수 있다. 2. 구이 종류에 따라 초벌구이를 할 수 있다. 3. 온도와 불의 세기를 조절하여 익힐 수 있다. 4. 구이의 색, 형태를 유지할 수 있다.

실기과목명	주요항목	세부항목	세세항목
		3. 구이 담기	1. 조리 종류와 색, 형태, 인원수, 분량 등을 고려하여 그릇을 선택할 수 있다. 2. 조리한 음식을 부서지지 않게 담을 수 있다. 3. 구이 종류에 따라 따뜻한 온도를 유지하여 담을 수 있다.
	11. 한식 조림·초 조리	1. 조림·초 재료 준비하기	1. 조림·초 조리에 따라 도구와 재료를 준비할 수 있다. 2. 조리에 사용하는 재료를 필요량에 맞게 계량할 수 있다. 3. 조림·조리의 재료에 따라 전 처리를 수행할 수 있다. 4. 양념장 재료를 비율대로 혼합·조절할 수 있다. 5. 필요에 따라 양념장을 숙성할 수 있다.
		2. 조림·초 조리하기	1. 조리 종류에 따라 준비한 도구에 재료를 넣고 양념장에 조릴 수 있다. 2. 재료와 양념장의 비율, 첨가 시점을 조절할 수 있다. 3. 재료가 눌어붙거나 모양이 흐트러지지 않게 화력을 조절하여 익힐 수 있다. 4. 조리 종류에 따라 국물의 양을 조절할 수 있다.
		3. 조림 담기	1. 조리 종류와 색, 형태, 인원수, 분량 등을 고려하여 그릇을 선택할 수 있다. 2. 조리 종류에 따라 국물 양을 조절하여 담아낼 수 있다. 3. 조림, 초, 조리에 따라 고명을 얹어 낼 수 있다.
	12. 한식 볶음 조리	1. 볶음 재료 준비하기	1. 볶음조리에 따라 도구와 재료를 준비할 수 있다. 2. 조리에 사용하는 재료를 필요량에 맞게 계량할 수 있다. 3. 볶음조리의 재료에 따라 전 처리를 수행할 수 있다. 4. 양념장 재료를 비율대로 혼합·조절하여 만들 수 있다. 5. 필요에 따라 양념장을 숙성할 수 있다.

실기과목명	주요항목	세부항목	세세항목
		2. 볶음 조리하기	1. 조리 종류에 따라 준비한 도구에 재료와 양념장을 넣어 기름으로 볶을 수 있다. 2. 재료와 양념장의 비율, 첨가 시점을 조절할 수 있다. 3. 재료가 눌어붙거나 모양이 흐트러지지 않게 화력을 조절하여 익힐 수 있다.
		3. 볶음 담기	1. 조리 종류와 색, 형태, 인원수, 분량 등을 고려하여 그릇을 선택할 수 있다. 2. 그릇 형태에 따라 조화롭게 담아낼 수 있다. 3. 볶음 조리에 따라 고명을 얹어 낼 수 있다.
	13. 한식 숙채 조리	1. 숙채 재료 준비하기	1. 숙채의 종류에 맞추어 도구와 재료를 준비할 수 있다. 2. 조리에 사용하는 재료를 필요량에 맞게 계량할 수 있다. 3. 재료에 따라 요구되는 전 처리를 수행할 수 있다.
		2. 숙채 조리하기	1. 양념장 재료를 비율대로 혼합·조절할 수 있다. 2. 조리법에 따라서 삶거나 데칠 수 있다. 3. 양념이 잘 배합되도록 무치거나 볶을 수 있다.
		3. 숙채 담기	1. 조리 종류와 색, 형태, 인원수, 분량 등을 고려하여 그릇을 선택할 수 있다. 2. 숙채의 색, 형태, 재료, 분량을 고려하여 그릇에 담아낼 수 있다. 3. 조리 종류에 따라 고명을 올리거나 양념장을 곁들일 수 있다.

수험자 유의사항

❶ 만드는 순서에 유의하며, 위생과 숙련된 기능평가를 위하여 조리작업 시 맛을 보지 않습니다.

❷ 지정된 수험자지참 준비물 이외의 조리기구나 재료를 시험장 내에 지참할 수 없습니다.

❸ 지급재료는 시험 전 확인하여 이상이 있을 경우 시험위원으로부터 조치를 받고 시험 중에는 재료의 교환 및 추가지급은 하지 않습니다.

❹ 요구사항의 규격은 "정도"의 의미를 포함하며, 지급된 재료의 크기에 따라 가감하여 채점합니다.

❺ 위생상태 및 안전관리 사항을 준수합니다.

❻ 다음 사항에 대해서는 **채점대상에서 제외하니** 특히 유의하시기 바랍니다.

  ㉠ 기 권 : 수험자 본인이 시험 도중 시험에 대한 포기 의사를 표현하는 경우

  ㉡ 실 격

    ⓐ 가스레인지 화구 2개 이상(2개 포함) 사용한 경우

    ⓑ 불을 사용하여 만든 조리작품이 작품특성에 벗어나는 정도로 타거나 익지 않은 경우

    ⓒ 시험 중 시설·장비(칼, 가스레인지 등) 사용 시 감독위원 및 타수험자의 시험 진행에 위협이 될 것으로 감독위원 전원이 합의하여 판단한 경우

    ⓓ 위생복, 위생모, 앞치마를 착용하지 않은 경우

  ㉢ 미완성

    ⓐ 시험시간 내에 과제 2가지를 제출하지 못한 경우

    ⓑ 문제의 요구사항대로 과제의 수량이 만들어지지 않은 경우

  ㉣ 오 작

    ⓐ 구이를 찜으로 조리하는 등과 같이 조리방법을 다르게 한 경우

    ⓑ 해당 과제의 지급재료 이외의 재료를 사용하거나 석쇠 등 요구사항의 조리도구를 사용하지 않은 경우

  ㉤ 요구사항에 표시된 실격, 미완성, 오작에 해당하는 경우

❼ 항목별 배점은 위생상태 및 안전관리 5점, 조리기술 30점, 작품의 평가 15점입니다.

개인위생상태 및 안전관리 세부기준 안내

I 개인위생상태 세부기준

순번	구분	세 부 기 준
1	위생복	• 상의 : 흰색, 긴팔 • 하의 : 색상무관, 긴바지 • 안전사고 방지를 위하여 반바지, 짧은 치마, 폭넓은 바지 등 작업에 방해가 되는 모양이 아닐 것
2	위생모 (머리수건)	• 흰색 • 일반 조리장에서 통용되는 위생모
3	앞치마	• 흰색 • 무릎 아래까지 덮이는 길이
4	위생화 또는 작업화	• 색상 무관 • 위생화, 작업화, 발등이 덮이는 깨끗한 운동화 • 미끄러짐 및 화상의 위험이 있는 슬리퍼류, 작업에 방해가 되는 굽이 높은 구두, 속굽 있는 운동화가 아닐 것
5	장신구	• 착용 금지 • 시계, 반지, 귀걸이, 목걸이, 팔찌 등 이물, 교차오염 등의 식품위생 위해 장신구는 착용하지 않을 것
6	두발	• 단정하고 청결할 것 • 머리카락이 길 경우, 머리카락이 흘러내리지 않도록 단정히 묶거나 머리망 착용할 것
7	손톱	• 길지 않고 청결해야 하며 매니큐어, 인조손톱부착을 하지 않을 것

※ 개인위생 및 조리도구 등 시험장 내 모든 개인물품에는 기관 및 성명 등의 표시가 없을 것

II 안전관리 세부기준

1. 조리장비·도구의 사용 전 이상 유무 점검
2. 칼 사용(손 빔) 안전 및 개인 안전사고 시 응급조치 실시
3. 튀김기름 적재장소 처리 등

시험장 실기 준비물

준비물	규격	단위	수량	비고
위생복	상의 - 백색 하의 - 긴바지(색상 무관)	벌	1	위생복장을 제대로 갖추지 않을 경우는 실격처리됩니다.
위생모 또는 머리수건	백색	EA	1	
앞치마	백색(남, 녀 공용)	EA	1	
가위	조리용	EA	1	
강판	조리용	EA	1	
계량스푼	사이즈별	SET	1	
계량컵	200ml	EA	1	
공기	소	EA	1	
국대접	소	EA	1	
김발	20cm 정도	EA	1	
냄비	조리용	EA	1	시험장에도 준비되어 있음
도마	흰색 또는 나무도마	EA	1	
뒤집개	-	EA	1	
랩, 호일	조리용	EA	1	
밀대	소	EA	1	
비닐봉지, 비닐백	소형	장	1	
비닐팩	-	EA	1	
석쇠	조리용	EA	1	시험장에도 준비되어 있음
소창 또는 면보	30×30cm 정도	장	1	
쇠조리(혹은 체)	조리용	EA	1	시험장에도 준비되어 있음
숟가락	스텐레스제	EA	1	
위생타올	면 또는 키친타올 등	매	1	
상비의약품	손가락골무, 밴드 등	EA	1	
이쑤시개	-	EA	1	
젓가락	나무젓가락 또는 쇠젓가락	EA	1	
종이컵	-	EA	1	
칼	조리용 칼, 칼집 포함	EA	1	눈금표시칼 사용 불가
키친페이퍼		EA	1	
프라이팬	소형	EA	1	시험장에도 준비되어 있음

Contents

저자소개 2
머리말 4
시험안내 7
출제기준(필기) 9
출제기준(실기) 12
수험자 유의사항 21
개인위생상태 및 안전관리 세부기준 안내
.... 22
시험장 실기 준비물 23

PART_01 (시험시간 15분)
01 무생채 28
02 도라지생채 31

PART_02 (시험시간 20분)
01 두부젓국찌개 36
02 더덕생채 39
03 북어구이 42
04 육원전 45
05 육회 48
06 표고전 51
07 홍합초 55

PART_03 (시험시간 25분)
01 너비아니구이 60
02 두부조림 63
03 생선전 66
04 재료썰기 69
05 풋고추전 72

PART_04 (시험시간 30분)
01 콩나물밥 78
02 더덕구이 81
03 섭산적 85
04 생선양념구이 88
05 생선찌개 92
06 오징어볶음 96
07 완자탕 99
08 장국죽 102
09 제육구이 105

PART_05 (시험시간 35분)
01 겨자채 110
02 미나리강회 114
03 잡채 118
04 지짐누름적 122
05 화양적 126
06 탕평채 130

PART_06 (시험시간 40분)
01 칠절판 136

PART_07 (시험시간 45분)
01 비빔밥 142

레시피 요약 148
NCS 국가직무능력표준 158

PART 01

01 무생채　　　　　　**02** 도라지생채

01 무생채 凉拌萝卜丝

시험시간 **15분**

요구사항

1. 무는 0.2cm × 0.2cm × 6cm 정도 크기로 썰어 사용하시오.
2. 생채는 고춧가루를 사용하시오.
3. 무생채는 70g 이상 제출하시오.

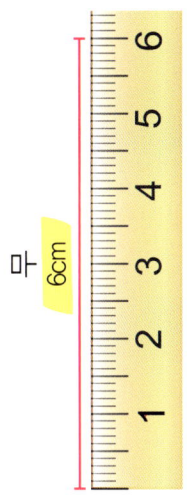

재료

- 무(길이 7cm 정도) 120g
- 대파(흰부분, 4cm 정도) 1토막
- 마늘(중, 깐 것) 1쪽
- 생강 5g
- 고춧가루 10g
- 백설탕 10g
- 소금(정제염) 5g
- 식초 5ml
- 깨소금 5g

무생채 양념 소금 1/3작은술, 설탕 1작은술, 식초 1작은술, 다진 파, 다진 마늘, 다진 생강, 깨소금

합격포인트

1. 무를 일정한 규격으로 썰어 고춧가루 물을 들여 놓는다.
2. 무는 70g 이상 제출해야 됨으로 반드시 전량 사용한다.
3. 생채류(도라지, 무, 더덕)에는 참기름이 지급되지 않아 사용 시에는 오작임에 주의한다.
4. 완성품에 물이 생기면 안 되기 때문에 수분 제거를 확실히 하며 제출 직전에 무쳐낸다.

조리과정

1. 파, 마늘, 생강은 곱게 다진다.

2. 무는 0.2cm×0.2cm×6cm의 요구사항에 맞는 일정한 규격으로 채썬다.

3. 채썬 무에 고운 고춧가루를 사용해 빨갛게(진한 핑크색) 물들인다.
(Key 고운 고춧가루 미지급 시 일반 고춧가루를 체에 내려 사용한다.)

4. ③에 무생채 양념(소금 1/3작은술, 설탕 1작은술, 식초 1작은술, 다진 파, 다진 마늘, 다진 생강, 깨소금)을 넣고 물이 생기지 않도록 젓가락으로 살살 무친다.
(Key 제출 직전에 버무려 물이 생기지 않도록 한다. 손이 닿으면 열에 의해 물이 생기기 때문에 젓가락만을 이용해 무친다.)

5. 완성접시에 소복하게 담아낸다.

02 도라지생채 凉菜桔梗

시험시간 15분

요구사항

1 도라지는 0.3cm × 0.3cm × 6cm로 써시오.
2 생채는 고추장과 고춧가루 양념으로 무쳐 제출하시오.

재료

- 통도라지(껍질 있는 것) 3개
- 소금(정제염) 5g
- 고추장 20g
- 백설탕 10g
- 대파(흰부분, 4cm 정도) 1토막
- 마늘(중, 깐 것) 1쪽
- 식초 15ml
- 깨소금 5g
- 고춧가루 10g

고추장양념 고추장 1작은술, 고운 고춧가루 1/2작은술, 설탕 1/4작은술, 식초 1/4작은술, 다진 파, 다진 마늘, 깨소금

합격포인트

1 도라지 껍질을 제거한 후 일정한 굵기와 길이로 채썬다.
2 생채류(도라지, 무, 더덕)에는 참기름이 지급되지 않아 사용 시 오작임에 주의한다.
3 완성품에 물이 생기면 안 되기 때문에 수분제거를 확실히 하며 제출직전에 무쳐낸다.

조리과정

1 도라지는 칼끝으로 가로 방향으로 돌려서 뜯으며 껍질을 제거한다.

2 도라지는 0.3cm×0.3cm×6cm의 일정한 규격으로 채썰고, 나머지 재료들은 다진다.

3 채썬 도라지는 소금물에 담가 주물러 씻어 쓴맛을 제거한다.

4 절여진 도라지는 물에 씻어 물기를 제거한다.
(Key 물기를 확실히 제거해야 완성품에 물이 생기지 않는다.)

5 고추장 양념(고추장 1작은술, 고운 고춧가루 1/2작은술, 설탕 1/4작은술, 식초 1/4작은술, 다진 파, 다진 마늘, 깨소금)을 만들어 준비해 둔 도라지를 무친다. (Key 고춧가루가 굵으면 체에 내려 고운 고춧가루만 사용한다. 제출 직전에 버무려 물이 생기지 않도록 한다. 손이 닿으면 열에 의해 물이 생기기 때문에 젓가락만을 이용해 무친다.)

6 완성접시에 소복이 담아낸다.

PART 02

- 01 두부젓국찌개
- 02 더덕생채
- 03 북어구이
- 04 육원전
- 05 육회
- 06 표고전
- 07 홍합초

시험시간 20분

01 두부젓국찌개 豆腐酱汁汤

시험시간 20분

요구사항

1. 두부는 2cm × 3cm × 1cm로 써시오.
2. 붉은 고추는 0.5cm × 3cm, 실파는 3cm 길이로 써시오.
3. 간은 소금과 새우젓으로 하고 국물을 맑게 만드시오.
4. 찌개의 국물은 200ml 제출하시오.

재료

- 두부 100g
- 생굴(껍질 벗긴 것) 30g
- 홍고추(생) 1/2개
- 실파 1뿌리
- 마늘(중, 깐 것) 1쪽
- 새우젓 1g
- 소금 5g
- 참기름 5ml

합격포인트

1. 굴을 말끔하게 손질하여야 한다.
2. 국물은 약불에서 조리하여 탁하지 않고 맑게 끓여낸다.
3. 참기름의 양에 유의하여야 한다.
4. 완성품에 모든 재료가 한눈에 보이게 하며, 국물 200ml를 제출해야 한다.

조리과정

1 굴은 껍질을 골라내고 소금물에 흔들어 씻은 뒤 흐르는 물에 헹궈 체에 받쳐 놓는다.

2 두부는 2cm×3cm×1cm로 썰어 찬물에 씻어 놓는다. (Key 씻을 때 물을 약하게 틀어 두부가 부서지지 않도록 한다.)

3 실파는 3cm 길이로 썬다.

4 홍고추는 씨를 제거하여 0.5cm×3cm로 썬다. (Key 고추를 썰 때는 껍질면을 아래쪽에 두고 썰어야 깔끔하게 썰린다.)

5 새우젓은 곱게 다진 후 젖은 면포에 짜서 새우젓 국물을 준비한다.

6 손질한 재료들을 한접시에 준비하고 마늘도 곱게 다져 준비한다.

02 더덕생채 凉菜沙参

시험시간 20분

요구사항

1 더덕은 5cm로 썰어 두들겨 편 후 찢어서 쓴맛을 제거하여 사용하시오.
2 고춧가루로 양념하고, 전량 제출하시오.

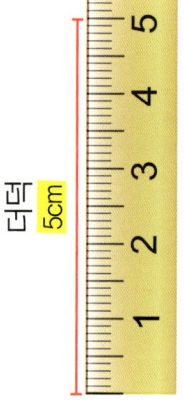

재료

- 통더덕(껍질 있는 것, 길이 10~15cm 정도) 2개
- 대파(흰부분, 4cm) 1토막
- 마늘(중, 깐 것) 1쪽
- 백설탕 5g
- 식초 5ml
- 소금(정제염) 5g
- 깨소금 5g
- 고춧가루 20g

생채 양념 소금 약간, 설탕 1작은술, 식초 1작은술, 다진 파, 다진 마늘, 깨소금

합격포인트

1 더덕이 부서지지 않아야 하며 곱고 가늘게 한다.
2 색에 주의하며 고춧가루를 넣는다.
3 생채류(도라지, 무, 더덕)에는 참기름이 지급되지 않아 사용 시 오작임에 주의한다.
4 완성품에 물이 생기면 안 되기 때문에 수분 제거를 확실히 하며 제출 직전에 무쳐낸다.

조리과정

1. 깨끗이 씻은 더덕은 칼날 뒷부분으로 돌려뜯기하여 껍질을 제거하고, 길이로 이등분하여 소금물에 담가 쓴맛을 제거한다.

2. 쓴맛이 충분히 빠지면 물에 헹궈 물기를 제거한 다음 5cm 길이로 편을 썰고 면포 위에 올려 밀대로 두드려 편다.

3. 손을 이용하여 더덕을 최대한 가늘게 찢는다.
   (Key) 더덕이 중간에 끊어지면 요구사항에 맞지 않으므로 길이를 유지하며 최대한 가늘게 찢는다.)

4. 고춧가루를 체에 내려 더덕 채에 조금씩 섞어 붉게 물들인다.
   (Key) 고춧가루를 여러 번 나눠 넣어 색을 맞춘다.)

5. ④에 생채 양념(소금 약간, 설탕 1작은술, 식초 1작은술, 다진 파, 다진 마늘, 깨소금)을 넣고 버무린다.
   (Key) 제출 직전에 버무려 물이 생기지 않도록 한다, 손이 닿으면 열에 의해 물이 생기기 때문에 젓가락만을 이용해 버무린다.)

6. 완성접시에 소복하게 담아낸다.

03 북어구이 烤明太鱼

시험시간 20분

요구사항

1. 구워진 북어의 길이는 5cm로 하시오.
2. 유장으로 초벌구이하고, 고추장 양념으로 석쇠에 구우시오.
3. 완성품은 3개를 제출하시오.
   (단, 세로로 잘라 3/6토막 제출할 경우 수량 부족으로 실격처리됩니다.)

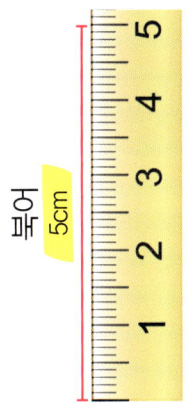

재료

- 북어포(반을 갈라 말린 껍질이 있는 것, 40g) 1마리
- 대파(흰부분, 4cm 정도) 1토막
- 마늘(중, 깐 것) 2쪽
- 진간장 20ml
- 고추장 40g
- 백설탕 10g
- 깨소금 5g
- 참기름 15ml
- 검은 후춧가루 2g
- 식용유 10ml

유장 간장 1작은술, 참기름 1큰술
고추장 양념 고추장 1큰술, 설탕 1/2큰술, 다진 파, 다진 마늘, 후추, 깨소금, 참기름

합격포인트

1. 북어는 물에 불려 촉촉하게 하고, 껍질이 수축하지 않도록 칼집을 넣어준다.
2. 고추장 양념이 타지 않도록 적정량을 발라 구워준다.
3. 반드시 유장처리하여 초벌구이한다.

조리과정

1. 북어포는 물에 충분히 적신 후 젖은 면포에 싸서 불려놓는다.

2. 파, 마늘을 곱게 다져 고추장 양념(고추장 1큰술, 설탕 1/2큰술, 다진 파, 다진 마늘, 후추, 깨소금, 참기름)을 만든다.

3. 1의 북어포의 물기를 약간 짜준 후 머리, 지느러미, 꼬리, 뼈, 잔가시를 가위를 이용하여 제거한다.

4. 칼의 끝으로 북어를 구웠을 때 수축되지 않도록 껍질 쪽에 칼집을 촘촘하게 내준다.

5. 4의 북어를 6cm 길이로 3등분한다.
(Key 요구사항의 길이에 맞추기 위해 수축할 것을 감안하여 6cm로 재단한다.)

6. 간장 1작은술, 참기름 1큰술을 섞어 유장을 만든다.

04 육원전 肉丸饼

시험시간 20분

요구사항

1. 육원전은 직경이 4cm, 두께 0.7cm 정도가 되도록 하시오.
2. 달걀은 흰자, 노른자를 혼합하여 사용하시오.
3. 육원전 6개를 제출하시오.

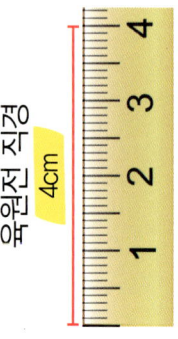

재료

- 소고기(살코기) 70g
- 두부 30g
- 밀가루(중력분) 20g
- 달걀 1개
- 대파(흰부분, 4cm 정도) 1토막
- 마늘(중, 깐 것) 1쪽
- 검은 후춧가루 2g
- 참기름 5ml
- 소금(정제염) 5g
- 식용유 30ml
- 깨소금 5g
- 백설탕 5g

소 양념 소금, 설탕, 다진 파, 다진 마늘, 후추, 깨소금, 참기름

합격포인트

1. 고기와 두부는 확실하게 다져서 표면을 매끄럽게 한다.
2. 달걀은 노른자 전부와 흰자 약간을 혼합하여 사용한다.
3. 팬에서 옆면을 굴려 전체적인 색에 주의한다.
4. 육원전의 크기와 모양이 동일하게 하며, 속까지 완벽하게 익혀야 한다.

조리과정

1 두부는 칼등으로 눌러 으깬 뒤 면포를 이용하여 물기를 완전히 제거한다.

2 소고기는 기름 부분을 골라낸 뒤 곱게 다진 뒤 키친타올에 받쳐 핏물에 빼둔다.

3 다진 소고기와 으깬 두부에 소 양념(소금, 설탕, 다진 파, 다진 마늘, 후추, 깨소금, 참기름)을 넣고 끈기가 생기도록 치댄다.

4 지름 4.5cm, 두께 0.6cm 크기로 완자를 빚어 가운데 부분을 살짝 눌러준 뒤 옆면의 모양을 잡는다. (🔑 요구사항을 맞추기 위해서 익으면서 지름은 작아지고 두께는 두꺼워지는 것을 감안하여 지름은 크게 두께는 작게 빚은 후 중앙 부분이 올라올 것을 생각해 가운데를 살짝 눌러준다.)

5 🍎의 완자에 밀가루, 달걀물 순서대로 묻혀 달궈진 팬에 기름을 두르고 약불에서 처음에 모양을 잡아가며 익힌다. (🔑 처음에 익힐 때는 눌러가며 모양을 잡고 옆면을 굴려서 완자 모양을 유지시킨다.)

6 키친타올에 한번 받쳐 기름기를 제거한 후 완성접시에 6개를 담아낸다.

04 육원전

05 육회 生拌牛肉

시험시간 20분

요구사항

1. 소고기는 0.3cm × 0.3cm × 6cm로 썰어 소금 양념으로 하시오.
2. 마늘은 편으로 썰어 장식하고 잣가루를 고명으로 얹으시오.
3. 소고기는 손질하여 전량 사용하시오.

재료

- 소고기(살코기) 90g
- 배(중, 100g 정도) 1/4개
- 잣(깐 것) 5개
- 대파(흰부분, 4cm 정도) 2토막
- 마늘(중, 깐 것) 3쪽
- 소금(정제염) 5g
- 검은 후춧가루 2g
- 참기름 10ml
- 백설탕 30g
- 깨소금 5g

육회 양념 소금, 설탕, 다진 파, 다진 마늘, 후추, 깨소금, 참기름

합격포인트

1. 소고기의 핏물을 충분히 제거하여 흐르지 않게 하며, 고기는 전량을 제출한다.
2. 소고기는 동그란 모양으로 정중앙에 보기 좋게 담고, 배와 고기의 두께는 같으며 마늘의 모양은 일정해야 한다.
3. 양념을 너무 많이 하며 완성접시에 담았을 때 배에 양념이 물들지 않도록 한다.
4. 요구사항의 규격과 g에 주의하여 작품을 완성한다.

조리과정

1 배의 껍질을 벗긴 후 길이 5cm, 두께 0.3cm로 썰어 진한 설탕물에 담가 놓는다. (Key 썬 즉시 설탕물에 담가 놓으면 갈변을 억제한다.)

2 마늘의 일부는 양념용으로 곱게 다지고, 나머지는 0.2cm 두께의 얇은 편으로 썬다. (Key 마늘은 일정한 편으로 넓게 나올 수 있도록 한다.)

3 잣은 고깔을 제거한 뒤 A4 용지 위에서 곱게 다져 잣가루를 만든다. (Key 잣을 다진 뒤 A4 용지에 접어 꼭 눌러주면 더 고운 잣가루를 얻을 수 있다.)

4 고기는 결의 반대 방향으로 0.3cm×0.3cm×6cm로 채썬다.

5 ❹에 육회양념(소금, 설탕, 다진 파, 다진 마늘, 후추, 깨소금, 참기름)을 넣고 버무린다.

6 설탕물에 담가둔 배는 면포에서 물기를 제거한 뒤 완성접시에 육회를 올릴 공간을 남긴 뒤 돌려서 담아준다.

06 표고전 香菇煎饼

시험시간 20분

요구사항

1. 표고버섯과 속은 각각 양념하여 사용하시오.
2. 표고전은 5개를 제출하시오.

재료

- 건표고버섯(지름 2.5~4cm 정도, 부서지지 않은 것을 불려서 지급) 5개
- 소고기(살코기) 30g
- 두부 15g
- 달걀 1개
- 대파(흰부분, 4cm 정도) 1토막
- 마늘(중, 깐 것) 1쪽
- 밀가루(중력분) 20g
- 검은 후춧가루 1g
- 참기름 5ml
- 소금(정제염) 5g
- 깨소금 5g
- 식용유 20ml
- 진간장 5ml
- 백설탕 5g

표고버섯 양념
간장 1작은술, 설탕 1/2작은술, 참기름 1큰술

소 양념
소금, 설탕, 다진 파, 다진 마늘, 후추, 깨소금, 참기름

합격포인트

1. 표고버섯과 소의 양념은 각각 해야 한다.
2. 완성품에서 소는 편평하게 채워져야 하며 완전히 익어야 한다.
3. 표고버섯은 겉면이 타지 않아야 하며, 소 쪽의 부분은 너무 색이 나지 않게 한다.

조리과정

1. 물에 불린 표고버섯은 면포에 눌러 수분을 제거한 뒤 기둥을 잘라 낸 후 표고버섯 양념(간장 1작은술, 설탕 1/2작은술, 참기름 1큰술)을 만들어 버섯 안쪽에 밑간을 한다.

2. 두부는 칼등으로 눌러 으깬 뒤 면포를 이용하여 물기를 완전히 제거한다.

3. 소고기는 키친타올에 받쳐 핏물을 제거한 후 곱게 다진다.

4. 다진 소고기와 으깬 두부에 소 양념(소금, 설탕, 다진 파, 다진 마늘, 후추, 깨소금, 참기름)을 넣어 찰기 있게 치댄다.

5. 준비해 둔 표고버섯 안쪽에 밀가루를 얇게 묻힌다. (Key 밀가루를 묻히면 표고버섯과 소가 떨어지지 않는다.)

6. 5에 소를 편평하게 채운다. (Key 소가 익으면서 중앙부분이 부풀기 때문에 소를 채운 뒤 가운데 부분을 약간 눌러준다.)

7 달걀노른자에 흰자 1큰술 정도만 섞어 달걀물을 준비하여 소를 채운 면에만 밀가루, 달걀물 순으로 묻힌다.
(🔑 노른자를 많이 사용해야 색이 예쁘게 나오며 표고버섯의 색을 살리기 위해 소가 있는 부분에만 달걀물을 묻힌다.)

8 달군 팬에 식용유를 두르고 표고전의 소 쪽의 부분부터 눌러주면서 약불에서 속까지 익힌 뒤 접시에 5개를 담아낸다.

07 홍합초 炖红蛤

시험시간 20분

요구사항

1 마늘과 생강은 편으로, 파는 2cm로 써시오.
2 홍합은 전량 사용하고, 촉촉하게 보이도록 국물을 끼얹어 제출하시오.
3 잣가루를 고명으로 얹으시오.

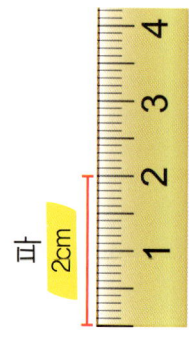

재료

- 생홍합(굵고 싱싱한 것, 껍질 벗긴 것으로 지급) 100g
- 대파(흰부분, 4cm 정도) 1토막
- 마늘(중, 깐 것) 2쪽
- 생강 15g
- 잣(깐 것) 5개
- 검은 후춧가루 2g
- 참기름 5ml
- 진간장 40ml
- 백설탕 10g

조림장 간장 2큰술, 설탕 1큰술, 물 1/2컵

합격포인트

1 홍합의 손질에 능숙해야 되며, 질기지 않게 데쳐야 한다.
2 대파는 조리 마지막 부분에 넣어 물러지지 않도록 한다.
3 완성품에 재료들이 한눈에 들어오게 담으며 윤기가 나야 한다.
4 초의 조림장이 남아 있어야 한다.

조리과정

1 냄비에 홍합을 데칠 물을 올린 뒤 홍합은 이물질과 족사를 제거하고 소금물에 씻어 체에 밭쳐 놓는다.

2 손질된 홍합을 끓는 물에 살짝 데쳐 찬물에 헹군 뒤 물기를 제거해 둔다.

3 대파는 2cm 길이로, 마늘과 생강은 편으로 썰고, 고깔을 뗀 잣은 종이 위에서 곱게 다져 놓은 뒤 조림장(간장 2큰술, 설탕 1큰술, 물 1/2컵)을 만들어 둔다.

4 조림장이 끓으면 데친 홍합, 마늘, 생강을 넣고 조림장을 끼얹으며 조린다. 국물이 반으로 졸아들면 대파를 넣고 조리다가 국물이 3큰술 정도 남았을 때 불을 끄고 후추, 참기름을 넣어 마무리한다.
( 졸였을 때 조림장을 2큰술 정도 남기게 한다.)

5 접시에 홍합초를 담고 주변으로 조림장 2큰술을 끼얹고, 준비한 잣가루를 고명으로 얹어 낸다.

PART 03

01 너비아니구이
02 두부조림
03 생선전
04 재료썰기
05 풋고추전

시험시간 25분

01 너비아니구이 宮廷烤牛肉

시험시간 25분

요구사항

1. 완성된 너비아니는 0.5cm × 4cm × 5cm로 하시오.
2. 석쇠를 사용하여 굽고, 6쪽 제출하시오.
3. 잣가루를 고명으로 얹으시오.

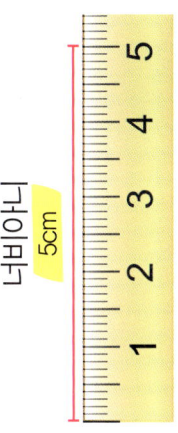

재료

- 소고기(안심 또는 등심, 덩어리로) 100g
- 배(50g 정도) 1/8개
- 잣(깐 것) 5개
- 대파(흰부분, 4cm 정도) 1토막
- 마늘(중, 깐 것) 2쪽
- 검은 후춧가루 2g
- 백설탕 10g
- 깨소금 5g
- 진간장 50ml
- 식용유 10ml
- 참기름 10ml
- A4 용지 1장

간장 양념 간장 1큰술, 설탕 1/2큰술, 배즙 1큰술, 다진 파, 다진 마늘, 후추, 깨소금, 참기름

합격포인트

1. 너비아니의 크기가 요구사항에 맞게 일정해야 한다.
2. 덜 익거나 겉이 타지 않아야 한다.
3. 시간에 맞게 재워 간장색이 잘 들도록 한다.
4. 제출할 때 잣가루를 각각에 올려서 완성한다.

조리과정

1 배는 껍질을 벗겨 강판에 갈고, 젖은 면포에 짜서 배즙을 만든다.

2 소고기는 키친타올에 밭쳐 핏물을 제거한 후 결의 반대 방향으로 0.4cm×5cm×6cm로 썬 후 칼등으로 두들겨 배즙 1큰술에 재워둔다. (Key 고기가 익으면서 길이가 줄어들고 두께는 두꺼워지므로 감안하여 재단한다.)

3 배즙에 재운 소고기는 간장 양념(간장 1큰술, 설탕 1/2큰술, 배즙 1큰술, 다진 파, 다진 마늘, 후추, 깨소금, 참기름)을 넣어 재운다.

4 잣은 고깔을 떼고 종이 위에서 곱게 다져 놓는다.

5 석쇠를 달궈 키친타올에 식용유를 묻혀 석쇠를 코팅한 뒤 고기의 가장자리가 겹치도록 올려 센불에서 겉을 빠르게 익혀 육즙을 가둔 다음 약불에서 앞, 뒤로 완전히 익힌다.

6 접시에 담고 잣가루를 얹어 낸다.

02 두부조림 烧豆腐

시험시간 25분

요구사항

1. 두부는 0.8cm × 3cm × 4.5cm로 써시오.
2. 8쪽을 제출하고, 촉촉하게 보이도록 국물을 약간 끼얹어 내시오.
3. 실고추와 파채를 고명으로 얹으시오.

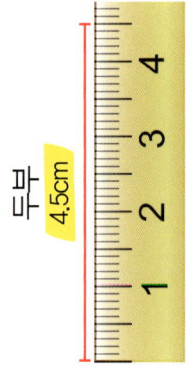

재료

- 두부 200g
- 대파(흰부분, 4cm 정도) 1토막
- 마늘(중, 깐 것) 1쪽
- 실고추(길이 10cm, 1~2줄기) 1g
- 검은 후춧가루 1g
- 참기름 5ml
- 소금(정제염) 5g
- 식용유 30ml
- 진간장 15ml
- 깨소금 5g
- 백설탕 5g

조림장 간장 1큰술, 설탕 1/2큰술, 물 1/4컵, 다진 파, 다진 마늘, 후추, 깨소금, 참기름

합격포인트

1. 두부의 크기는 일정하게 하며, 가지런하게 담아내야 한다.
2. 두부를 익혔을 때의 색과 간장에 조리는 색을 유의하여 색감을 맞춘다.
3. 고명은 숨이 살아있어야 하므로 불을 끄고 올려 살짝만 뜸들인다.
4. 완성접시에 담고 조림장과 함께 담아 제출한다.

조리과정

1. 두부는 0.8cm×3cm×4.5cm로 썰고 마른 면포에 올려 소금을 약간 뿌려 물기를 제거한다.

2. 대파는 속을 저며 낸 후 2~3cm로 곱게 채썰고, 실고추는 같은 길이로 뜯어 준비한다.

3. 팬을 달군 뒤 식용유를 두른 후 물기를 제거한 두부를 중불로 앞, 뒤로 노릇하게 지진다.
(Key 제출면을 먼저 팬에 닿게 하여 익힌다.)

4. 냄비에 두부를 담고 조림장(간장 1큰술, 설탕 1/2큰술, 물 1/4컵, 다진 파, 다진 마늘, 후추, 깨소금, 참기름)을 끼얹어 가며 윤기나게 조린다.

5. 실고추와 파채를 고명으로 얹고 뜸을 들인다.

6. 완성접시에 조린 두부 8쪽을 담고 졸인 국물 2큰술을 담아낸다.

03 생선전 鲜鱼煎饼

시험시간 **25분**

요구사항

1. 생선전은 0.5cm × 5cm × 4cm로 만드시오.
2. 달걀은 흰자, 노른자를 혼합하여 사용하시오.
3. 생선전은 8개를 제출하시오.

재료

- 동태(400g 정도) 1마리
- 밀가루(중력분) 30g
- 달걀 1개
- 소금(정제염) 10g
- 흰 후춧가루 2g
- 식용유 50ml

합격포인트

1. 동태 손질을 능숙하게 해야 되며 위생적인 부분을 많이 신경 쓴다.
2. 생선전의 크기와 모양이 일정해야 한다.
3. 생선을 밑간한 뒤 수분을 확실히 제거해 튀김옷이 벗겨지지 않도록 한다.
4. 겉면이 노랗게 나오되, 생선은 완전히 익어야 한다.

조리과정

1

동태는 비닐을 제거하고 흐르는 물에 깨끗이 닦아낸 뒤 가위로 지느러미를 잘라낸다.

2

칼을 사용해 동태의 머리를 잘라낸다. (Key 생선손질 시 위생에 주의하며 손질한다.)

3

칼을 사용해 배를 갈라 내장과 검은 막을 제거한 후 물에 씻고, 물기를 제거한다. (Key 내장의 검은막 부분을 제거한 뒤 안에 있는 응고된 피도 깨끗하게 닦아낸다.)

4

동태를 세장뜨기를 한다. (Key 칼이 뼈를 긁으면서 지나가는 느낌으로 뼈에 살이 남지 않도록 하고, 부서지지 않게 뜬다.)

5

껍질이 바닥쪽으로 오게 한 뒤 꼬리쪽부터 칼을 완전히 눕혀서 집어넣어 밀면서 껍질을 벗겨낸다.

6

껍질을 벗긴 생선을 0.5cm×5cm×4cm로 포를 뜨고 칼등으로 두들겨 두께를 일정하게 한 뒤 마른 면포에 생선살을 올린 뒤 소금, 흰 후춧가루로 밑간을 하고 위에도 마른 면포를 올려 수분을 먹게 한다.
(Key 생선이 익으면서 크기가 줄어들고, 두께가 늘어나므로 고려하여 재단한다.)

04 재료썰기 材料切

요구사항

1. 무, 오이, 당근, 달걀 지단을 썰기하여 전량 제출하시오.
   (단, 재료별 써는 방법이 틀렸을 경우 실격)
2. 무는 채썰기, 오이는 돌려깎기하여 채썰기, 당근은 골패썰기를 하시오.
3. 달걀은 흰자와 노른자를 분리하여 알끈과 거품을 제거하고 지단을 부쳐 완자(마름모꼴) 모양으로 각 10개를 썰고, 나머지는 채썰기를 하시오.
4. 재료썰기의 크기는 다음과 같이 하시오.
   · 채썰기 : 0.2cm × 0.2cm × 5cm
   · 골패썰기 : 0.2cm × 1.5cm × 5cm
   · 마름모형 썰기 : 한 면의 길이가 1.5cm

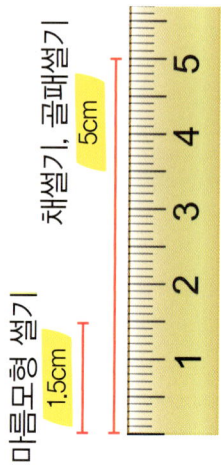

재료

- 무 100g
- 오이(길이 25cm 정도) 1/2개
- 당근(길이 6cm 정도) 1토막
- 달걀 3개
- 식용유 20ml
- 소금 10g

합격포인트

1. 무, 오이, 달걀 지단 채의 길이를 요구사항에 맞도록 5cm로 일정하게 썬다.
2. 당근, 골패모양 썰기는 길이 5cm를 맞춘 후, 사방 1.5cm로 썰어 규격에 썬다.

조리과정

1 달걀은 황·백을 분리하여 흰자는 알끈을 제거하고 각각 소금을 넣고 풀어 체에 걸러 지단을 부쳐 식힌다. (Key 흰자는 크기를 조절하여 나눠서 부치고, 젓가락을 이용해 찢어지지 않게 뒤집는다.)

2 무는 5cm 길이로 자른 후 0.2cm×0.2cm×5cm로 일정하게 채썬다.

3 오이는 소금으로 문질러 씻은 뒤 길이 5cm로 자른 후 돌려깎기 한다.

4 돌려깎은 오이는 0.2cm×0.2cm×5cm로 일정하게 채썬다.

5 당근은 길이 5cm로 자르고, 사방 1.5cm로 자른 뒤 0.2cm 두께의 골패모양으로 썬다.

6 충분히 식은 지단은 황·백을 각각 1.5cm의 마름모꼴로 각각 10개씩 썬다.

05 풋고추전 尖椒煎饼

시험시간 25분

요구사항

1. 풋고추는 5cm로 정리하여 소를 넣고 지져내시오.
2. 풋고추는 반을 잘라 데쳐서 사용하며, 완성된 풋고추전은 8개를 제출하시오.

재료

- 풋고추(길이 11cm 이상) 2개
- 소고기(살코기) 30g
- 두부 15g
- 밀가루(중력분) 15g
- 달걀 1개
- 대파(흰부분, 4cm 정도) 1토막
- 마늘(중, 깐 것) 1쪽
- 검은 후춧가루 1g
- 참기름 5ml
- 소금(정제염) 5g
- 깨소금 5g
- 식용유 20ml
- 백설탕 5g

소 양념 소금, 설탕, 다진 파, 다진 마늘, 후추, 깨소금, 참기름

합격포인트

1. 풋고추 안에 밀가루를 얇게 입혀 속이 떨어지지 않게 한다.
2. 소는 적당히 넣어 표면을 매끄럽게 한다.
3. 소 부분을 익힐 때는 색이 나지 않게 주의하며 속까지 익어야 한다.
4. 완성작의 고추에는 윤기가 나야 하며 소 부분은 노랗게 나와야 한다.

조리과정

1 풋고추는 5cm 길이로 자른 후 반으로 갈라 씨를 빼고, 속에 흰 부분을 긁어낸다. (풋고추의 길이가 너무 길면 중앙 부분을 제외하고 양끝에 맞춰 길이를 살린다.)

2 끓는 물에 소금을 넣고 풋고추를 살짝 데친 후 찬물에 헹군다.

3 두부는 칼등으로 눌러 으깬 뒤 면포를 이용하여 물기를 완전히 제거하고 소고기는 키친타올에 받쳐 핏물을 제거한 후 곱게 다져서 소 양념(소금, 설탕, 다진 파, 다진 마늘, 후추, 깨소금, 참기름)을 넣고 끈기가 생기도록 치댄다.

4 물기를 제거한 고추 안쪽에 밀가루를 얇게 묻힌 뒤 소를 편평하게 채운다.

5
소를 채운 다음 밀가루, 달걀물 순으로 묻힌다.
(🔑 풋고추의 색을 살리기 위해 밀가루와 달걀물은 소 부분에만 묻힌다. 달걀물에서 노른자를 위주로 사용한다.)

6
달궈진 팬에서 약불로 속까지 익히고, 녹색 부분은 잠깐 지져 색을 살린 뒤 완성접시에 8개 고추모양을 살려서 담아낸다.
(🔑 처음 팬에 넣을 때 소 부분부터 팬에 닿게 한 뒤 손으로 눌러 편평하게 유지시킨다.)

PART 04

- 01 콩나물밥
- 02 더덕구이
- 03 섭산적
- 04 생선양념구이
- 05 생선찌개
- 06 오징어볶음
- 07 완자탕
- 08 장국죽
- 09 제육구이

시험시간 30분

01 콩나물밥 豆芽饭

시험시간 30분

요구사항

1. 콩나물은 꼬리를 다듬고 소고기는 채썰어 간장양념을 하시오.
2. 밥을 지어 **전량** 제출하시오.

재료

- 쌀(30분 정도 불린 쌀) 150g
- 콩나물 60g
- 소고기(살코기) 30g
- 마늘 1쪽
- 대파(흰부분) 4cm
- 참기름 5ml
- 진간장 5ml

소고기 양념 진간장 1작은술, 다진 파, 다진 마늘, 참기름

합격포인트

1. 소고기 양념에 설탕, 후추, 깨소금을 넣으면 오작 처리됨에 주의한다.
2. 콩나물은 꼬리를 다듬되 폐기량이 많지 않도록 한다.
3. 밥에 양념한 소고기가 닿지 않도록 하여 색이 나지 않도록 주의한다.

조리과정

1. 쌀은 깨끗이 씻어 체에 밭쳐 물기를 제거한다.

2. 콩나물은 껍질과 꼬리를 다듬고 씻어서 둔다.

3. 파와 마늘을 곱게 다지고 소고기는 채썰어 양념(진간장 1작은술, 다진 파, 다진 마늘, 참기름)한다.

4. 냄비에 쌀을 넣고 그 위로 콩나물과 양념한 소고기를 잘 펴서 올리고 쌀과 동일한 양의 물을 넣는다.
(Key 콩나물 위쪽으로 소고기를 올려 밥의 변색을 방지하고 콩나물 자체에서 물이 나오기 때문에 물의 양을 고려한다.)

5. 뚜껑을 덮은 채로 센불에 끓기 시작하면 약불로 줄여 8분 익힌 후 불을 끄고 8분 정도 뜸을 들인 뒤 밥알이 뭉그러지지 않도록 살살 섞어 한 김 날려준다.

6. 쌀알이 익었음을 확인하고 완성그릇에 오목하게 담아낸다.

02 더덕구이 烤沙参

요구사항

1. 더덕은 껍질을 벗겨 사용하시오.
2. 유장으로 초벌구이를 하고, 고추장 양념으로 석쇠에 구우시오.
3. 완성품은 <mark>전량</mark> 제출하시오.

재료

- 통더덕(껍질 있는 것, 길이 10~15cm 정도) 3개
- 진간장 10ml
- 대파(흰부분, 4cm 정도) 1토막
- 마늘(중, 깐 것) 1쪽
- 고추장 30g
- 백설탕 5g
- 깨소금 5g
- 참기름 10ml
- 소금(정제염) 10g
- 식용유 10ml

유장 간장 1작은술, 참기름 1큰술
고추장 양념 고추장 1큰술, 설탕 1/2큰술, 다진 파, 다진 마늘, 깨소금, 참기름

합격포인트

1. 더덕은 소금물에 담가 쓴맛을 제거하고, 부서지지 않도록 한다.
2. 유장으로 초벌구이 할 때 80% 이상 익혀 고추장 양념을 타지 않게 해야 된다.
3. 고추장구이를 할 때 모서리 부분을 주의하며 약불에서 구워준다.
4. 전량을 최대한 사용해 폐기율을 줄인다.

조리과정

1 더덕껍질은 칼 뒷날로 돌려뜯기하여 껍질을 제거한다.

2 더덕은 길이로 반으로 갈라 소금물에 담가둔다.
(Key 더덕을 소금물에 충분히 절인 후 밀대로 두들기거나 밀어야 부서지지 않는다.)

3 절여진 더덕은 수분기를 제거한 후 도마 위에 면포를 놓고 밀대로 밀고, 두드려 두께를 조절한다.

4 5cm 길이로 8토막 이상 만든다.

5 유장(간장 1작은술, 참기름 1큰술)을 만들어 ④에 앞, 뒤로 발라준다.

6 식용유를 바르고 달군 석쇠에 ⑤의 더덕을 올려 초벌구이하여 80% 이상 익혀준다.

초벌구이한 더덕에 고추장 양념(고추장 1큰술, 설탕 1/2큰술, 다진 파, 다진 마늘, 깨소금, 참기름)을 고르게 펴발라 앞, 뒤로 굽는다.
(Key 고추장 양념이 타지 않게 주의한다.)

완성접시에 더덕의 모양을 유지하며 전량 담아낸다.

섭산적 烤肉饼

시험시간 30분

요구사항

1. 고기와 두부의 비율은 3:1 정도로 하시오.
2. 다져서 양념한 소고기는 크게 반대기를 지어 석쇠에 구우시오.
3. 완성된 섭산적은 0.7cm × 2cm × 2cm로 9개 이상 제출하시오.

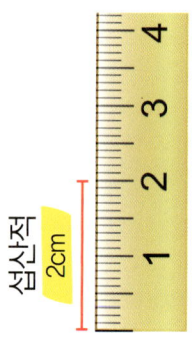

재료

- 소고기(살코기) 80g
- 두부 30g
- 대파(흰부분, 4cm 정도) 1토막
- 마늘(중, 깐 것) 1쪽
- 소금(정제염) 5g
- 백설탕 10g
- 깨소금 5g
- 참기름 5ml
- 검은 후춧가루 2g
- 잣(깐 것) 10개
- 식용유 30ml

반대기 양념 소금, 설탕, 다진 파, 다진 마늘, 후추, 깨소금, 참기름

합격포인트

1. 고기와 두부는 곱게 다져 물기를 확실히 제거해 표면을 매끄럽게 한다.
2. 완성된 섭산적의 크기와 높낮이가 같아야 하며 부서지지 않게 9개 제출한다.

조리과정

1. 두부는 칼등으로 눌러 으깬 뒤 면포를 이용하여 물기를 완전히 제거한다.

2. 고기는 키친타올에 받쳐 핏물을 제거하고 곱게 다진다.

3. 다진 소고기와 으깬 두부에 양념(소금, 설탕, 다진 파, 다진 마늘, 후추, 깨소금, 참기름)을 넣어 찰기 있게 치댄다.

4. 반대기는 0.7cm×8cm×8cm가 되도록 빚어낸 뒤 ┼로 잔 칼집을 넣는다.
  (Key 위생봉지를 도마에 깔아 모양을 잡는다.)

5. 석쇠를 달궈 키친타올에 식용유를 묻혀 석쇠를 코팅한 뒤 위에 모양이 흐트러지지 않게 반대기를 올려 약불로 앞, 뒤로 타지 않게 굽는다. 다 익으면 충분히 식혀둔다.

6. 식는 동안 잣은 곱게 다지고 식은 섭산적은 사방을 정리한 뒤 2cm×2cm 크기로 네모나게 9토막으로 썰어 일정 간격으로 접시에 담고 각각의 중앙에 잣가루를 얹어낸다.

04 생선양념구이 调味烤鱼

시험시간 30분

요구사항

1. 생선은 머리와 꼬리를 포함하여 통째로 사용하고 내장은 아가미 쪽으로 제거하시오.
2. 유장으로 초벌구이하고 고추장 양념으로 석쇠에 구우시오.
3. 생선구이는 머리 왼쪽, 배 앞쪽 방향으로 담아내시오.

재료

- 조기(100~120g 정도) 1마리
- 대파(흰부분, 4cm 정도) 1토막
- 마늘(중, 깐 것) 1쪽
- 진간장 20ml
- 고추장 40g
- 백설탕 5g
- 깨소금 5g
- 참기름 5ml
- 소금(정제염) 20g
- 검은 후춧가루 2g
- 식용유 10ml

유장 간장 1작은술, 참기름 1큰술
고추장 양념 고추장 2큰술, 설탕 1큰술, 다진 파, 다진 마늘, 후추, 깨소금, 참기름

합격포인트

1. 아가미 쪽으로 내장을 제거할 때 능숙하게 해야 한다.
2. 생선은 완전히 익어야 하며, 껍질이 손상되지 않아야 한다.
3. 고추장 양념이 골고루 발라져야 하며 타지 않도록 구워야 한다.
4. 유장으로 초벌구이 할 때 90% 이상 익혀 고추장 양념이 타지 않게 해야 된다.
5. 생선을 담는 방향에 주의하여 완성접시에 담아낸다.

조리과정

1. 생선의 비늘은 칼로 긁어 제거하고, 배와 등쪽의 지느러미는 가위로 제거한다.

2. 꼬리는 갈라지는 부분을 제외하고 ∨자 모양으로 자른다.

3. 아가미를 가위로 제거하고 젓가락을 이용하여 아가미 쪽으로 속의 내장을 제거한 다음 흐르는 물로 속까지 깨끗이 씻는다.

4. 생선의 앞, 뒷면 가장 두꺼운 부분에 2cm 간격으로 3군데에 칼집을 어슷하게 넣는다.

5. 손질한 생선에 소금을 뿌려 밑간을 한다.

6. 파, 마늘을 곱게 다진 뒤 고추장 양념(고추장 2큰술, 설탕 1큰술, 다진 파, 다진 마늘, 후추, 깨소금, 참기름)을 만든다.

7 유장(간장 1작은술, 참기름 1큰술)을 만들어 생선의 칼집 안과 겉부분에 골고루 바른다.

8 석쇠를 달궈 키친타올에 식용유를 묻혀 석쇠를 코팅한 뒤 유장처리한 생선을 올려 앞, 뒤로 초벌구이를 하며 90% 이상 익혀준다.
(Key 유장으로 초벌구이할 때 90% 이상 익혀 고추장 양념이 타지 않게 해야 된다.)

9 초벌구이한 생선에 고추장 양념을 뭉치지 않게 골고루 펴 바른 뒤 속이 익고 눈이 하얀색이 될 때까지 구워낸다.

10 완성접시에 탄 부분이 있을 때 조금 정리를 하고 머리는 왼쪽, 배를 아래 부분에 오도록 담아낸다.

생선찌개 鲜鱼汤

시험시간 30분

요구사항

1. 생선은 4~5cm 정도의 토막으로 자르시오.
   (생선의 크기에 따라 길이를 가감할 수 있다.)
2. 무, 두부는 2.5cm × 3.5cm × 0.8cm로 써시오.
3. 호박은 0.5cm 반달형, 고추는 통어슷썰기, 쑥갓과 파는 4cm로 써시오.
4. 고추장, 고춧가루를 사용하여 만드시오.
5. 각 재료는 익는 순서에 따라 조리하고, 생선살이 부서지지 않도록 하시오.
6. 생선머리를 포함하여 전량 제출하시오.

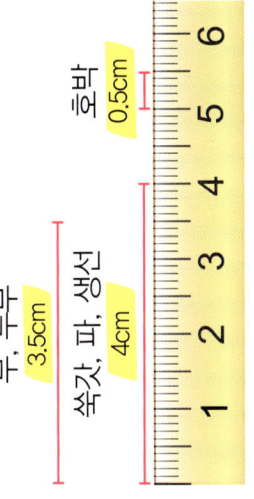

재료

- 동태(300g 정도) 1마리
- 무 60g
- 애호박 30g
- 두부 60g
- 풋고추(길이 5cm 이상) 1개
- 홍고추(생) 1개
- 실파 2뿌리
- 마늘(깐 것) 2쪽
- 생강 10g
- 쑥갓 10g
- 고추장 30g
- 고춧가루 10g
- 소금 10g

합격포인트

1. 생선을 능숙하게 손질한다.
2. 생선의 머리도 사용한다.
3. 재료가 익는 순서를 고려하여 조리하여 재료가 고루 익게 한다.
4. 양념의 비율을 맞춰 찌개의 색이 적당하고 맑게 나오게 끓여낸다.

조리과정

1 무와 두부는 2.5cm×3.5cm×0.8cm로 썰고, 애호박은 0.5cm 두께의 반달모양으로 썬다.

2 실파는 4cm로 썰고, 쑥갓은 잎 부분을 사용하여 4cm로 끊어 준비한다.

3 풋고추와 홍고추는 통 어슷썰기를 하여 씨를 제거한다.
(Key 그릇에 물을 받아 흔들어 씻으면 씨를 제거하기 쉽다.)

4 생선은 비늘을 긁어 제거하고 가위로 지느러미를 제거한다.

5 머리를 자른 후 몸통이 4~5cm 정도가 되도록 3등분한다.

6 머리의 아가미를 제거하고 안에 불순물과 내장을 손질하고 주둥이 앞부분을 자른다.

7

물 3컵에 고추장 1큰술을 풀고 소금 1/2작은술을 넣는다. 무와 생선머리를 먼저 넣고 끓이다가 나머지 몸통도 넣고 고춧가루 2작은술, 다진 마늘, 다진 생강을 넣고 끓인다.

(Key 머리가 익는 데 시간이 걸리기 때문에 먼저 넣는다.)

8

생선이 반쯤 익으면 애호박과 두부를 넣어 익히고 거품을 걷어가며 끓인다.

(Key 물을 떠놓고 거품을 제거한 숟가락을 헹구어가며 거품을 제거한다.)

9

재료가 다 익어갈 때쯤 풋고추, 홍고추, 실파를 넣고 소금으로 간을 맞춘 후 불을 끈다.

10

그릇에 조심스럽게 생선머리를 포함한 건더기 전량을 넣고 국물에 적신 쑥갓을 올린 후 국물을 떠서 담아 완성한다.

(Key 모든 재료가 보이도록 색의 조화에 맞도록 담아낸다.)

06 오징어볶음 辣炒鱿鱼

시험시간 30분

요구사항

1. 오징어는 0.3cm 폭으로 어슷하게 칼집을 넣고, 크기는 4cm × 1.5cm 정도로 써시오(단, 오징어 다리는 4cm 길이로 자른다).
2. 고추, 파는 어슷썰기, 양파는 폭 1cm로 써시오.

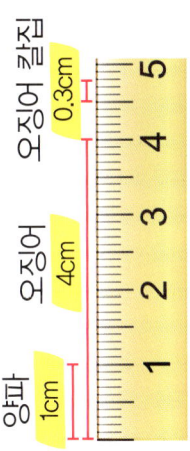

재료

- 물오징어(250g 정도) 1마리
- 풋고추(길이 5cm 이상) 1개
- 홍고추(생) 1개
- 양파(중, 150g 정도) 1/3개
- 대파(흰부분, 4cm 정도) 1토막
- 마늘(중, 깐 것) 2쪽
- 생강 5g
- 소금(정제염) 5g
- 진간장 10ml
- 백설탕 20g
- 참기름 10ml
- 깨소금 5g
- 고춧가루 15g
- 고추장 50g
- 검은 후춧가루 2g
- 식용유 30ml

오징어볶음 양념 고추장 2큰술, 고춧가루 2작은술, 설탕 1큰술, 다진 마늘, 다진 생강, 간장, 깨소금, 후추, 참기름

합격포인트

1. 오징어가 말리지 않도록 재단한다.
2. 물이 생기지 않도록 센불에서 빠르게 볶는다.
3. 고추장 양념의 색에 유의하여 조리한다.
4. 접시에 담을 때 칼집과 재료들이 잘 보이도록 한다.

조리과정

1. 홍고추, 풋고추, 대파는 0.5cm 정도 두께로 어슷하게 썬 후 고추는 씨를 제거하고, 양파는 1cm 폭으로 자른다.

2. 오징어는 배를 가른 뒤 내장을 제거한 후 껍질을 벗겨 몸통 안쪽에 0.3cm 간격으로 어슷하게 칼집을 넣고, 몸통은 4.5×2cm로, 다리는 4cm 길이로 썬다.
(Key 오징어 껍질은 소금을 손에 묻혀 껍질을 잡아당겨 제거하고 말리지 않게 재단한다.)

3. 마늘과 생강을 곱게 다져 오징어볶음 양념(고추장 2큰술, 고춧가루 2작은술, 설탕 1큰술, 다진 마늘, 다진 생강, 간장, 깨소금, 후추, 참기름)을 만든다.

4. 팬에 식용유를 두르고 양파, 홍고추, 풋고추, 대파 순으로 넣어 볶는다.

5. 볶던 채소에 오징어의 양에 가감하여 고추장 양념을 넣어 끓으면 센불에서 오징어를 넣고 빠르게 볶아낸다. (Key 오징어를 약불에서 볶으면 물이 나오게 된다.)

6. 완성접시에 모든 재료가 한눈에 보이도록 담아낸다.

07 완자탕 丸子汤

시험시간 30분

요구사항

1 완자는 직경이 3cm 정도로 6개를 만들고, 국물의 양은 200ml 정도 제출하시오.

2 달걀은 지단과 완자용으로 사용하시오.

3 고명으로 황·백 지단(마름모꼴)을 각 2개씩 띄우시오.

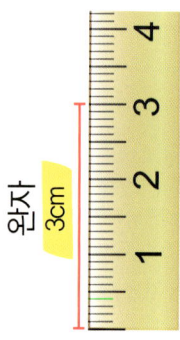

재료

- 소고기(살코기) 50g
- 소고기(사태부위) 20g
- 달걀 1개
- 대파(흰부분, 4cm 정도) 1/2토막
- 마늘(중, 깐 것) 2쪽
- 두부 15g
- 키친타올(종이, 주방용소 18×20cm) 1장
- 밀가루(중력분) 10g
- 식용유 20ml
- 소금(정제염) 10g
- 검은 후춧가루 2g
- 국간장 5ml
- 참기름 5ml
- 깨소금 5g
- 백설탕 5g

완자 양념
소금, 설탕, 다진 파, 다진 마늘, 후추, 깨소금, 참기름

합격포인트

1 국간장으로 색을 내고 소금으로 간을 하여 맑은 육수를 만들어야 한다.

2 고기와 두부는 곱게 다져 완자를 표면을 매끈하게 만든다.

3 완자는 직경 3cm로 6개를 만들고 완전히 익어야 한다.

조리과정

1. 물 2.5컵에 소고기(사태) 20g과 파, 마늘을 넣고 끓인 후 면포에 내려 국간장으로 색을 내고, 소금으로 간한다.

2. 소고기(살코기)는 다져서 핏기를 제거하고, 두부는 으깬 후 면포에 짜서 물기를 제거한 뒤 완자 양념을 넣고 치댄다.

3. 황·백을 나눠 흰자는 알끈을 제거하고 각각 소금을 넣어 풀어준 뒤 황·백 지단을 고명용으로 1큰술만 부치고 ❷의 소를 6등분하여 직경 3cm 정도의 완자를 만든 뒤 밀가루를 묻혀 털고 달걀물을 묻힌다.
(🔑 고명용으로 쓰고 남은 달걀물 중 노른자를 많이 사용하여 달걀물을 묻히는 게 완성품이 예쁘다.)

4. 달걀물을 입힌 완자를 달군 팬에 기름을 둘러 중불에서 모양이 유지되도록 굴려가며 익힌다.
(🔑 완자의 겉이 익어 모양이 잡히면 불을 줄여 타지 않게 하여 90% 정도 익혀준다.)

5. ❶의 육수에 완자를 넣고 끓인다.
(🔑 센불에서 끓기 시작하면 약불로 줄여서 완자가 풀어지지 않도록 끓인다.)

6. 그릇에 완자 6개와 국물 200ml를 담고 마름모꼴로 썰어낸 황·백 지단을 2개씩 얹어 완성한다.
(🔑 지단이 가라앉지 않도록 완자 위에 올려서 완성한다.)

07 완자탕

08 장국죽 酱汤粥

시험시간 30분

요구사항

1. 불린 쌀을 반 정도로 싸라기를 만들어 죽을 쑤시오.
2. 소고기는 다지고 불린 표고는 3cm 정도의 길이로 채써시오.

재료

- 쌀 (30분 정도 물에 불린 쌀) 100g
- 소고기(살코기) 20g
- 건표고버섯(지름 5cm 정도, 물에 불린 것) 1개
- 대파(흰부분, 4cm 정도) 1토막
- 마늘(중, 깐 것) 1쪽
- 진간장 10ml
- 국간장 10ml
- 깨소금 5g
- 검은 후춧가루 1g
- 참기름 10ml

표고버섯 양념 간장, 참기름
소고기 양념 간장 1작은술, 다진 파, 다진 마늘, 후추, 깨소금, 참기름

합격포인트

1. 죽의 농도에 주의하고, 죽을 너무 일찍 쑤어 붇는 일이 없도록 한다.
2. 바닥까지 저어서 타는 일이 없도록 한다.
3. 소고기는 다지기, 표고버섯은 채썰기한다.
4. 표고버섯, 소고기는 각각 다른 양념으로 조리한다.
5. 양념 시 지급재료에 없는 설탕을 사용하면 오작임을 유의한다.
6. 간장을 마지막에 넣어 원하는 장국색을 맞춰준다.

조리과정

1. 쌀은 물에 불린 후 체에 밭쳐 물기를 뺀다.

2. 비닐에 넣고 반톨이 되도록 밀대로 밀어 싸라기를 만든다.
(Key 그릇에 넣고 밀대 끝으로 빻아도 된다.)

3. 불린 표고버섯은 얇게 포를 뜬 후 3cm 길이로 채썰어 표고버섯 양념을 하고 소고기는 곱게 다져 키친타올에 밭쳐 핏물을 제거한 뒤 소고기 양념을 한다.

4. 참기름을 두른 냄비에 양념한 소고기를 볶다가 표고버섯을 볶은 다음 ②의 싸라기를 만들어 놓은 쌀을 넣고 투명해질 때까지 충분히 볶아준다.

5. 쌀 분량의 6배(3컵)의 물을 넣고 센불에서 끓이다가 중불에서 쌀알이 퍼질 때까지 가끔 저어주며 끓이고 쌀알이 퍼지면 국간장으로 색을 맞춘다.
(Key 간장은 마지막에 넣어야 죽이 삭지 않으며 원하는 색을 맞출 수 있다.)

6. 완성그릇에 담아 모든 재료들이 보일 수 있게 담아낸다.

09 제육구이 烤猪肉

시험시간 30분

요구사항

1. 완성된 제육은 0.4cm × 4cm × 5cm 정도로 하시오.
2. 고추장 양념하여 석쇠에 구우시오.
3. 제육구이는 전량 제출하시오.

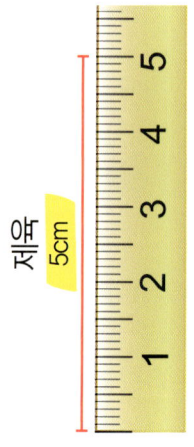

재료

- 돼지고기(등심 또는 볼깃살) 150g
- 대파(흰부분, 4cm 정도) 1토막
- 마늘(중, 깐 것) 2쪽
- 생강 10g
- 고추장 40g
- 진간장 10ml
- 검은 후춧가루 2g
- 백설탕 15g
- 깨소금 5g
- 참기름 5ml
- 식용유 10ml

고추장 양념 고추장 1큰술, 설탕 1/2큰술, 다진 파, 다진 마늘, 다진 생강, 후추, 깨소금, 참기름

합격포인트

1. 유장처리 없이 고추장 양념으로 익혀야 되므로 약불에서 천천히 익혀준다.
2. 규격에 주의하며 고기를 전량 사용할 수 있도록 능숙하게 고기를 손질한다.
3. 고기의 특성에 맞도록 규격보다 조금 더 크게 재단한다.
4. 고추장 양념에 석쇠를 사용하기 때문에 위생에 신경 쓴다.

조리과정

1. 돼지고기는 키친타올에 받쳐 핏물을 제거하고 규격에 맞게 최대한 많이 등분하여 칼등으로 두드리고 칼끝으로 찔러 수축하지 않도록 칼집을 넣는다.

2. 완성 규격인 0.4cm×4cm×5cm보다 0.5cm 크게 자른다.
(Key 고기가 익으면서 수축하는 것을 감안하여 조금 더 크게 재단한다.)

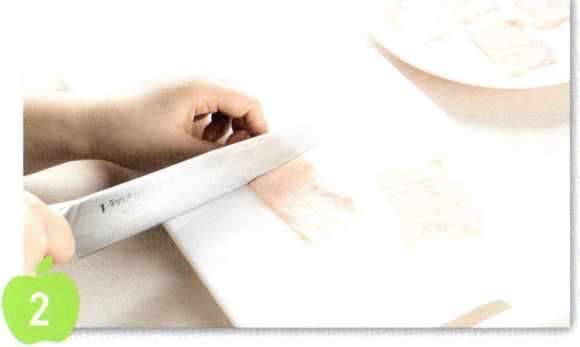

3. 고추장 양념(고추장 1큰술, 설탕 1/2큰술, 다진 파, 다진 마늘, 다진 생강, 후추, 깨소금, 참기름)을 앞, 뒤로 뭉치지 않도록 고르게 바른다.

4. 석쇠를 달궈 키친타올에 식용유를 묻혀 석쇠를 코팅한 뒤 타지 않게 앞, 뒤로 완전히 구워낸다.
(Key 탄 부분이 생기면 남은 양념을 덧발라가며 구워준다.)

5. 완성접시에 담아낸다.

09 제육구이

PART 05

- **01** 겨자채
- **02** 미나리강회
- **03** 잡채
- **04** 지짐누름적
- **05** 화양적
- **06** 탕평채

01 겨자채 芥末汁冷盘

시험시간 35분

요구사항

1. 채소, 편육, 황·백 지단, 배는 0.3cm × 1cm × 4cm로 써시오.
2. 밤은 모양대로 납작하게 써시오.
3. 겨자는 발효시켜 매운맛이 나도록 하여 간을 맞춘 후 재료를 무쳐서 담고, 잣은 고명으로 올리시오.

재료

- 양배추(길이 5cm) 50g
- 오이(가늘고 곧은 것, 20cm 정도) 1/3개
- 당근(길이 7cm 정도, 곧은 것) 50g
- 소고기(살코기, 길이 5cm) 50g
- 밤(중, 생 것, 껍질 깐 것) 2개
- 달걀 1개
- 배(중, 길이로 등분, 50g 정도) 1/8개
- 백설탕 20g
- 잣(깐 것) 5개
- 소금(정제염) 5g
- 식초 10ml
- 진간장 5ml
- 겨자가루 6g
- 식용유 10ml

겨자 소스
발효 겨자 1큰술, 소금 약간, 설탕 1큰술, 식초 1.5큰술, 간장 2방울

합격포인트

1. 겨자 냄새가 나도록 겨자는 확실하게 발효시킨다.
2. 채소와 배·밤을 각각 알맞은 물에 담가둔다.
3. 물에 담궈둔 재료는 물기를 제거해 겨자채에 수분이 생기지 않도록 한다.
4. 채소를 버무릴 때 겨자가 뭉치지 않게 주의한다.
5. 모든 재료가 한눈에 보이도록 접시에 담아낸다.

조리과정

1. 고기를 삶을 물을 냄비에 올린 뒤 고기는 키친타올에 받쳐 핏물을 제거하고, 물이 끓으면 겨자를 발효시킬 물을 빼둔 뒤 고기를 삶아 식힌 후 0.3cm×1cm×4cm로 썬다.
(Key 고기는 충분히 식힌 후 썰어야 부서지지 않는다.)

2. 겨자가루를 1에서 빼둔 물에 1:1로 개어 고기를 삶는 냄비 뚜껑 위에 뒤집어 놓고 발효시킨다.

3. 양배추, 오이, 당근은 0.3cm×1cm×4cm의 규격으로 재단 후 찬물에 담가 놓는다.

4. 배는 0.3cm×1cm×4cm로 썰어 설탕물에 담가 두고, 밤은 모양대로 납작하게 썰어 배와 함께 설탕물에 담가 두고 달걀은 황·백을 나누어 흰자의 알끈을 제거하고 각각 소금을 넣어 풀어준 뒤 지단을 만들어 0.3cm×1cm×4cm 규격으로 재단한다.

5 준비한 재료들을 면포에 감싸 물기를 제거한다.
(🔑 물기를 확실하게 제거하지 않으면 완성했을 때 겨자채에 물이 생긴다.)

6 ❺에 준비한 재료들을 ❷에서 발효해 둔 겨자를 이용해 겨자소스(발효겨자 1큰술, 소금 약간, 설탕 1큰술, 식초 1.5큰술, 간장 2방울)를 만들어 버무려 모든 재료가 보이도록 완성접시에 담고, 고명으로 비늘잣을 얹어 낸다.

01 겨자채

02 미나리강회 凉拌芹菜

시험시간 35분

요구사항

1. 강회의 폭은 1.5cm, 길이는 5cm 정도로 하시오.
2. 붉은 고추의 폭은 0.5cm, 길이는 4cm 정도로 하시오.
3. 강회는 8개 만들어 초고추장과 함께 제출하시오.

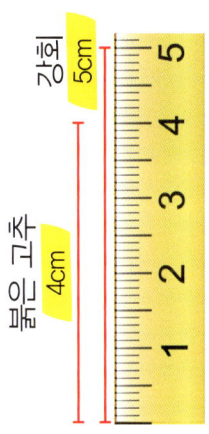

재료

- 소고기(살코기, 길이 7cm) 80g
- 미나리(줄기 부분) 30g
- 홍고추(생) 1개
- 달걀 2개
- 고추장 15g
- 식초 5ml
- 백설탕 5g
- 소금(정제염) 5g
- 식용유 10ml

초고추장 양념 고추장 1큰술, 설탕 1/2큰술, 식초 1큰술, 물 1큰술

합격포인트

1. 말아 놓은 모양이 일정해야 하며, 홍고추 두께는 나머지 재료의 1/3이다.
2. 모든 재료는 완전히 익어야 한다.
3. 재료를 쌓는 순서를 주의하며 편육, 황·백 지단의 두께는 같아야 한다.
4. 초고추장을 함께 제출한다.

조리과정

1
끓는 물에 소금을 넣고 잎을 제거한 미나리의 줄기를 살짝 데쳐 찬물로 헹군 후 물기를 제거하여 길게 반으로 찢은 뒤 길이 20cm 정도로 뜯는다.
(Key 너무 살짝 데치면 미나리가 말리지 않고 너무 많이 데치면 미나리에 힘이 없어 쉽게 끊어져 버린다.)

2
소고기는 키친타올에 밭쳐 핏물을 제거한 후 끓는 물에 삶아 완벽하게 익힌 뒤 면포에 감싸 눌러서 모양을 잡아 놓는다.
(Key 소고기의 모양을 잡아 놓아야 한다.)

3
홍고추는 4cm로 자르고 반을 갈라 씨를 제거한다.
(Key 홍고추가 너무 두꺼울 시 속을 저며 두께를 줄인다.)

4
③의 홍고추는 0.5cm×4cm로 썰어 놓는다.

5
달걀은 황·백으로 나누고 흰자는 알끈을 제거하고 소금을 약간 넣어 풀어준 뒤 지단을 부친다.
(Key 노른자의 양이 부족하므로 흰자를 섞어 지단을 썰었을 때 노란 지단이 8개 이상 나오도록 한다.)

6
지단은 길이 5cm, 폭 1.5cm로 썰어 놓는다.
(Key 지단은 식은 뒤 자른다.)

7 ②에 모양을 잡아둔 소고기는 길이 5cm, 폭 1.5cm로 썰어 준비하고, 모든 재료는 8개 이상 준비해 놓는다.

8 아래부터 소고기편육 → 백지단 → 황지단 → 홍고추 순서로 포개어 모양을 잡는다.

9 중간 지점부터 데친 미나리를 아래 부분부터 감기 시작해서 3번 정도 말아 1cm 두께로 돌돌 말아준 후 아래부분에 편육과 백지단 사이에 집어넣어 마무리 한다.

10 초고추장(고추장 1큰술, 설탕 1/2큰술, 식초 1큰술, 물 1큰술)을 만든다.

11 완성접시에 미나리강회 8개를 담고 초고추장을 곁들여 낸다.

03 잡채 什锦炒菜

시험시간 30분

요구사항

1. 소고기, 양파, 오이, 당근, 도라지, 표고버섯은 0.3cm × 0.3cm × 6cm 정도로 썰어 사용하시오.
2. 숙주는 데치고 목이버섯은 찢어서 사용하시오.
3. 당면은 삶아서 유장처리하여 볶으시오.
4. 황·백 지단은 0.2cm × 0.2cm × 4cm로 썰어 고명으로 얹으시오.

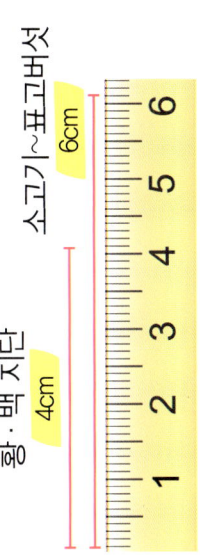

재료

- 당면 20g
- 소고기(살코기, 길이 7cm) 30g
- 건표고버섯(지름 5cm, 물에 불린 것, 부서지지 않은 것) 1개
- 건목이버섯(지름 5cm, 물에 불린 것) 2개
- 당근(길이 7cm 정도, 곧은 것) 50g
- 양파(중, 150g 정도) 1/3개
- 오이(가늘고 곧은 것, 20cm 정도) 1/3개
- 통도라지(껍질 있는 것, 길이 20cm 정도) 1개
- 숙주(생것) 20g
- 달걀 1개
- 대파(흰부분, 4cm 정도) 1토막
- 마늘(중, 깐 것) 2쪽
- 백설탕 10g
- 진간장 20ml
- 식용유 50ml
- 깨소금 5g
- 검은 후춧가루 1g
- 참기름 5ml
- 소금(정제염) 15g

소고기, 표고버섯 양념
간장 1작은술, 설탕 1/2작은술, 다진 파, 다진 마늘, 후추, 깨소금, 참기름

합격포인트

1. 당면은 잘 익고 유장처리하여 볶아 윤기나게 해야 한다.
2. 모든 재료는 일정한 길이와 굵기로 썰고 채소 본래의 색이 살아 있어야 한다.
3. 재료가 많기 때문에 빠뜨리지 않도록 주의한다.
4. 각각의 재료에 맞는 양념과 조리법을 사용해 조리한다.

조리과정

1. 숙주를 끓일 물을 올린 뒤, 숙주는 거두절미한다.

2. 끓는 물에 숙주를 삶아 찬물에 헹궈 물기를 제거한 후 소금, 참기름으로 밑간한다.

3. 도라지껍질은 칼 뒷날로 돌려뜯기하여 껍질을 제거한다.

4. 도라지를 0.3cm×0.3cm×6cm로 채썰어 소금으로 주물러 씻어 쓴맛을 제거한 뒤 흐르는 물에 헹궈 면포에 물기를 제거한다.

5. 목이버섯은 따뜻한 물에 불려 소금으로 씻은 뒤 작게 찢어 놓는다.
(요구사항에 찢어 사용하라 했으므로 칼로 썰지 않도록 주의한다.)

6. 불린 표고버섯은 기둥을 제거하고 0.3cm×0.3cm×6cm로 채썰어 양념(간장 1작은술, 설탕 1/2작은술, 다진 파, 다진 마늘, 후추, 깨소금, 참기름)에 무쳐둔다(소고기도 동일한 양념이니 넉넉히 만들어 둔다).

7
소고기는 채썰어 ⑥ 양념에 재워 놓고, ⑤의 목이버섯은 소금, 참기름에 양념한다.
(Key 고기와는 다른 그릇에 담아둬야 한다.)

8
달걀은 황·백으로 나누어 흰자는 알끈을 제거한 뒤 각각 소금을 넣고 잘 풀어준 후 지단을 만들어 0.2cm×0.2cm×4cm로 채썬다.

9
오이와 당근은 0.3cm×0.3cm×6cm로 채썰어 각각 소금에 절인 후 물기를 제거하고, 양파는 6cm 길이로 채썬 후 양파 → 도라지 → 오이 → 목이버섯 → 당근 → 표고버섯 → 소고기 순서로 볶은 뒤 식혀 놓는다.

10
당면은 냄비에 물을 넉넉히 올려 잘 삶아 찬물에 헹군 후 물기를 제거한다.

11
준비한 당면은 가위로 자른 후 간장 2작은술, 설탕 1작은술, 참기름을 넣고 팬에 볶는다.

12
모든 재료에 깨소금, 참기름을 넣어 버무린 후 완성 접시에 오목하게 담아내고 황·백 지단을 고명으로 얹어 낸다.

04 지짐누름적 煎烤肉片

시험시간 **35분**

요구사항

1. 각 재료는 0.6cm × 1cm × 6cm로 하시오.
2. 누름적의 수량은 2개를 제출하고, 꼬치는 빼서 제출하시오.

재료

- 소고기(살코기, 길이 7cm) 50g
- 건표고버섯(지름 5cm 정도, 물에 불린 것, 부서지지 않은 것) 1개
- 쪽파(중) 2뿌리
- 통도라지(껍질 있는 것, 길이 20cm 정도) 1개
- 당근(길이 7cm 정도, 곧은 것) 50g
- 산적꼬치(길이 8~9cm 정도) 2개
- 대파(흰부분, 4cm 정도) 1토막
- 마늘(중, 깐 것) 1쪽
- 달걀 1개
- 밀가루(중력분) 20g
- 식용유 30ml
- 소금(정제염) 5g
- 진간장 10ml
- 백설탕 5g
- 검은 후춧가루 2g
- 깨소금 5g
- 참기름 5ml

소고기, 표고버섯 양념
간장 1작은술, 설탕 1/2작은술, 다진 파, 다진 마늘, 후추, 깨소금, 참기름

합격포인트

1. 각 재료의 크기가 일정하며 서로 잘 붙어 있어야 한다.
2. 꼬치를 제거한 후 제출해야 한다.
3. 고기는 완벽하게 익히도록 한다.
4. 달걀물을 사용해 익혔을 때 재료 사이에 틈이 없도록 한다.

조리과정

1
도라지는 칼의 뒷부분으로 껍질을 돌려뜯기하고, 당근은 껍질을 벗긴 후 0.6cm×1cm×6cm로 썰어 끓는 소금물에 데친 후 찬물에 헹군 후 물기를 제거한다.

2
불린 표고버섯은 기둥을 떼고 0.6cm×1cm×6cm로, 소고기는 0.4cm×1cm×8cm로 썰어서 칼집을 넣은 후 각각 양념(간장 1작은술, 설탕 1/2작은술, 다진 파, 다진 마늘, 후추, 깨소금, 참기름)한다. 쪽파는 6cm로 잘라 소금, 참기름으로 양념한다.

3
팬에서 도라지 → 당근 → 표고버섯 순으로 볶는다.

4
소고기를 볶는다. (Key 고기는 젓가락으로 끝을 잡아 늘려 모양을 만들어 준다.)

5
산적꼬치에 식용유를 조금 발라 재료가 잘 끼워지게 한다.

6
꼬치에 재료를 색 맞추어 끼우고 밀가루, 달걀물 순으로 묻힌다.
(Key 밀가루와 달걀물을 넉넉하게 묻혀준다.)

7 달궈진 판에 제출 면의 반대쪽부터 먼저 닿도록 넣어 색이 나지 않게 지진다.
(Key 사이사이에 달걀물을 부어 틈을 메워준다.)

8 살짝 식힌 후 꼬치를 돌려가면서 뺀다.

9 완성접시에 나중에 익힌 부분이 위에 보이도록 담아낸다.

05 화양적 华阳串

시험시간 35분

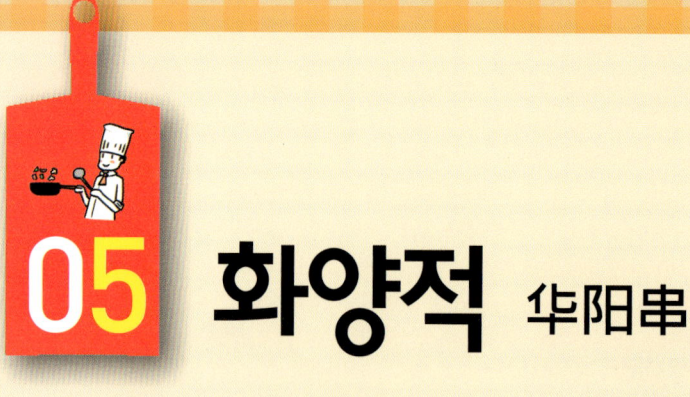

요구사항

1. 화양적은 0.6cm × 6cm × 6cm로 만드시오.
2. 달걀 노른자로 지단을 만들어 사용하시오.
   (단, 달걀 흰자 지단을 사용하는 경우 실격으로 처리됩니다.)
3. 화양적은 2꼬치를 만들고 잣가루를 고명으로 얹으시오.

재료

- 소고기(살코기, 길이 7cm) 50g
- 건표고버섯(지름 5cm 정도, 물에 불린 것, 부서지지 않은 것) 1개
- 당근(길이 7cm 정도, 곧은 것) 50g
- 오이(가늘고 곧은 것, 20cm 정도) 1/2개
- 통도라지(껍질 있는 것, 길이 20cm 정도) 1개
- 산적꼬치(길이 8~9cm 정도) 2개
- 대파(흰부분, 4cm 정도) 1토막
- 마늘(중, 깐 것) 1쪽
- 진간장 5ml
- 소금(정제염) 5g
- 백설탕 5g
- 깨소금 5g
- 참기름 5ml
- 검은 후춧가루 2g
- 잣(깐 것) 10개
- 달걀 2개
- 식용유 30ml

소고기, 표고버섯 양념
간장 1작은술, 설탕 1/2작은술, 다진 파, 다진 마늘, 후추, 깨소금, 참기름

합격포인트

1. 각 재료를 일정한 크기로 잘라 익히고 색이 조화롭게 꼬치에 끼워야 한다.
2. 달걀물을 입혀서 익히는 작품이 아니므로 꼬치에 끼우기 전 확실하게 익힌다.
3. 지짐누름적과 비슷하여 오작이 많은 품목으로 차이점을 숙지한다.

조리과정

1 도라지는 칼의 뒷부분으로 껍질을 돌려뜯기한다.

2 도라지, 오이, 당근, 표고버섯은 0.6cm×1cm×6cm로 자르고 도라지와 오이는 소금물에 각각 절인다.

3 소고기는 2등분하여 칼등으로 두들긴 후 칼끝으로 수축하지 않도록 찌른 뒤 칼집을 넣고 0.5cm×1cm×7cm로 자른다.

4 ③의 소고기와 표고버섯과 간장 양념(간장 1작은술, 설탕 1/2작은술, 다진 파, 다진 마늘, 후추, 깨소금, 참기름)에 재운다.
(Key 화양적은 완성작의 규격이 중요하기 때문에 수축하는 고기를 주의하여 재단한다.)

5 도라지는 흐르는 물에 한번 헹군 뒤 당근과 함께 데치고 물기를 제거한다.
(Key 도라지는 익으면서 휘기 때문에 규격을 맞추기 위해 물기를 제거하고 모양이 잡히도록 무게가 있는 것으로 눌러둔다.)

6
달걀은 황·백으로 나누어 노른자에 소금을 넣어 풀어준 뒤 노른자만 팬에 두껍게 지단을 만들고 도라지 → 오이 → 당근 → 양념한 표고버섯 → 고기 순서대로 볶아준 뒤 식은 황색 지단을 같은 규격으로 자른다.
(Key 황색 지단이 두껍게 되지 않으면 익기 전에 규격이 나오도록 반으로 접어 만든다.)

7
꼬치에 재료의 색을 맞추어 끼우고 칼끝을 이용해 꼬치의 양끝 1cm만 남기고 자른다.

8
잣은 고깔을 떼고 종이 위에서 곱게 다져 놓는다.

9
접시에 꼬치를 담고 잣가루를 얹어 낸다.

06 탕평채 荡平菜

시험시간 35분

요구사항

1. 청포묵은 0.4cm × 0.4cm × 6cm로 썰어 데쳐서 사용하시오.
2. 모든 부재료의 길이는 4~5cm로 써시오.
3. 소고기, 미나리, 거두절미한 숙주는 각각 조리하여 청포묵과 함께 초간장으로 무쳐 담아내시오.
4. 황·백 지단은 4cm 길이로 채썰고, 김은 구워 부셔서 고명으로 얹으시오.

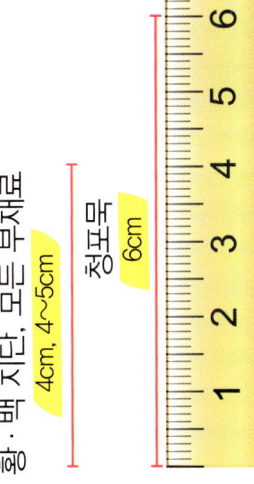

재료

- 청포묵(중, 길이 6cm) 150g
- 소고기(살코기, 길이 5cm) 20g
- 숙주(생 것) 20g
- 미나리(줄기 부분) 10g
- 달걀 1개
- 김 1/4장
- 대파(흰부분, 4cm 정도) 1토막
- 마늘(중, 깐 것) 2쪽
- 진간장 20ml
- 검은 후춧가루 1g
- 참기름 5ml
- 백설탕 5g
- 깨소금 5g
- 식초 5ml
- 소금(정제염) 5g
- 식용유 10ml

소고기 양념
간장 1작은술, 설탕 1/2작은술, 다진 파, 다진 마늘, 후추, 깨소금, 참기름

초간장
간장 1작은술, 설탕 1/2작은술, 식초 1/2작은술

합격포인트

1. 청포묵의 길이가 일정하며 탱탱함이 살아 있게 데친다.
2. 숙주는 거두절미하여 사용한다.
3. 초간장의 색은 연한 간장색이 되도록 한다.
4. 완성접시에는 모든 재료가 보일 수 있도록 담아 낸다.

06 탕평채

조리과정

1 청포묵은 0.4cm×0.4cm×6cm로 썬다.
(🔑 칼에 물을 묻혀서 썰면 청포묵이 달라붙지 않는다.)

2 끓는 물에 소금을 넣고 미나리 줄기를 데쳐 찬물로 헹군 후 굵은 줄기는 길게 반을 갈라 5cm 정도로 자른다.

3 숙주는 거두절미하고, 끓는 물에 데쳐 투명해지면 찬물에 헹군 후 소금과 참기름으로 밑간을 한다.

4 끓는 물에 청포묵을 데쳐 투명해지면 식힌 후 소금과 참기름으로 밑간을 한다.
(🔑 청포묵을 데친 후 찬물에 담그면 쫄깃함과 식감이 줄어든다.)

5 소고기는 채썰어 양념(긴장 1작은술, 설탕 1/2작은술, 다진 파, 다진 마늘, 후추, 깨소금, 참기름)한다.

6 마른 팬을 달궈 김을 구운 후 잘게 부셔 놓는다.

7 달걀은 황·백으로 나누어 흰자에 알끈을 제거한 후 소금을 넣어 풀어준 뒤 지단을 부친 후 채썬다.

8 달군 팬에 식용유를 약간 두르고 양념한 소고기를 볶아 식힌다.

9 초간장(간장 1작은술, 설탕 1/2작은술, 식초 1/2작은술)과 함께 밑간, 조리한 청포묵, 미나리, 소고기, 황·백 지단을 준비한다.

10 청포묵, 숙주, 미나리, 소고기를 초간장으로 버무린다.
(Key 초간장을 적당량만 넣어 버무린다.)

11 그릇에 ⑩에 재료들만 담은 뒤 초간장을 1큰술 바닥에 자작하게 깔아준 뒤 김, 황·백 지단을 고명으로 얹어낸다.
(Key 탕평채에 바닥에는 약간의 초간장만 보이게 하여 제출한다.)

PART 06

01 칠절판

시험시간 40분

01 칠절판 七折坂

시험시간 40분

요구사항

1. 밀전병은 직경 8cm가 되도록 6개를 만드시오.
2. 채소와 황·백 지단, 소고기는 0.2cm × 0.2cm × 5cm로 써시오.
3. 석이버섯은 곱게 채를 써시오.

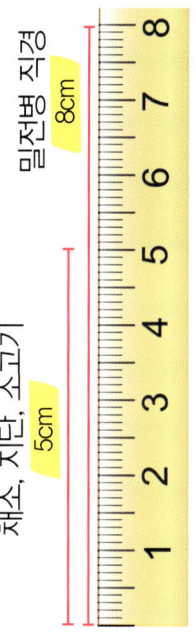

재료

- 소고기(살코기, 길이 6cm) 50g
- 달걀 1개
- 오이(가늘고 곧은 것, 20cm 정도) 1/2개
- 당근(길이 7cm 정도, 곧은 것) 50g
- 석이버섯(부서지지 않은 것, 마른 것) 5g
- 대파(흰부분, 4cm 정도) 1토막
- 마늘(중, 깐 것) 2쪽
- 밀가루(중력분) 50g
- 진간장 20ml
- 검은 후춧가루 1g
- 참기름 10ml
- 백설탕 10g
- 깨소금 5g
- 식용유 30ml
- 소금(정제염) 10g

소고기 양념
간장 1작은술, 설탕 1/2작은술, 다진 파, 다진 마늘, 후추, 깨소금, 참기름

합격포인트

1. 재료의 두께가 일정하며 담아진 모양과 색이 조화롭고, 각 재료의 양이 균일하여야 한다.
2. 밀전병의 크기는 일정하며 얇아야 한다.
3. 각 재료에 알맞은 양념을 하여 본연의 색이 살도록 조리하여야 한다.

01 칠절판

조리과정

1 밀가루는 체에 내린 후 소금을 약간 넣어 준비한다.

2 물가루 6큰술에 물 6큰술을 넣어 밀전병 반죽을 만든다. (Key 반죽을 미리 만들어두면 글루텐이 형성되어 찰기가 생긴다.)

3 파와 마늘은 곱게 다진다. 오이는 5cm 길이로 돌려 깎은 후 0.2cm 굵기로 채썰고 당근도 같은 크기로 채썰어 소금에 절여 놓는다.

4 소고기는 5cm 길이, 0.2cm 굵기로 채썰어 소고기 양념(간장 1작은술, 설탕 1/2작은술, 다진 파, 다진 마늘, 후추, 깨소금, 참기름)을 한다.

5 달걀은 황·백으로 나누어 흰자는 알끈을 제거한 뒤 각각 소금을 넣고 잘 풀어준 후 지단을 만들어 5cm 길이, 0.2cm 굵기로 채썰어 놓는다.

6 팬에 식용유를 약간 두르고 기름층만 생길 정도로 키친타올로 닦아낸 후 ❷의 반죽을 2/3큰술씩 떠서 직경 8cm 크기의 둥글고 얇은 밀전병을 만들어 식힌다.
(Key 팬에 2~3개씩 만들면 시간을 줄일 수 있다.)

7 석이버섯은 따뜻한 물에 불려 딱딱한 부분을 떼어 낸 다음 소금으로 문질러 손질하고 곱게 채썰어 소금과 참기름으로 양념하여 살짝 볶는다.

8 절여둔 오이, 당근은 물기를 제거한 후 달궈진 팬에 볶는다.

9 양념한 소고기를 볶아준다.

10 접시 중앙에 밀전병을 담고 나머지 재료는 색이 겹치지 않도록 보기 좋게 담아낸다.
(Key 요구사항에 가장 잘 맞는 밀전병일수록 위쪽에 둔다.)

PART 07

01 비빔밥

시험시간 50분

01 비빔밥 拌饭

시험시간 **50분**

요구사항

1. 채소, 고기, 황·백 지단의 크기는 0.3cm × 0.3cm × 5cm로 써시오. (단, 지급된 재료의 크기에 따라 가감한다.)
2. 호박은 돌려깎기하여 0.3cm × 5cm로 써시오.
3. 청포묵의 크기는 0.5cm × 0.5cm × 5cm로 써시오.
4. 밥을 담은 위에 준비된 재료들을 색 맞추어 돌려 담으시오.
5. 볶은 고추장은 완성된 밥 위에 얹어 내시오.

재료

- 불린 쌀 150g
- 물 1컵
- 애호박(중, 길이 6cm) 60g
- 도라지(찢은 것) 20g
- 고사리(불린 것) 30g
- 소고기(살코기) 30g
- 청포묵(중, 길이 6cm) 40g
- 달걀 1개
- 건다시마(5cm×5cm) 1장
- 참기름 10ml
- 소금 10g
- 식용유 30ml
- 고추장 40g
- 진간장 15ml
- 백설탕 15g
- 대파(흰부분 4cm) 1토막
- 마늘 1쪽
- 깨소금 5g

소고기, 고사리 양념
간장 2작은술, 설탕 1작은술, 다진 파, 다진 마늘, 후추, 깨소금, 참기름

고추장 볶음
고추장 1큰술, 설탕 1/2큰술, 참기름, 물 1~2큰술

합격포인트

1. 밥짓기에 주의하고 완성작품의 부재료가 일정한 두께와 길이가 될 수 있도록 한다.
2. 부재료는 비슷한 비율로 담아낸다.
3. 고추장 볶음은 너무 되직하면 안 비벼지고, 묽으면 돌려담은 재료가 물들므로 농도에 각별히 유의한다.
4. 재료의 조리 순서에 유의하여 시간을 효율적으로 사용한다.

조리과정

1. 냄비에 불린 쌀과 동량의 물을 넣어 뚜껑을 덮은 채로 센불에 끓기 시작하면 약불로 줄여 8분 익힌 후 불을 끄고 8분정도 뜸을 들인 뒤 밥알이 뭉그러지지 않도록 살살 섞어 한 김 날려 질지 않게 고슬고슬하게 짓는다.
(🍎Key 밥을 할 때 뚜껑 위에 젖은 행주를 올려 김이 새는 것을 방지하면 좋다. 밥을 섞을 때 주걱을 찬물에 한번 담가 밥알이 묻지 않도록 한다.)

2. 애호박은 돌려깎기한 후 0.3cm×0.3cm×5cm로 채 썰어 소금에 살짝 절였다가 물기를 짠다.

3. 도라지는 0.3cm×0.3cm×5cm로 찢어서 소금으로 주물러 씻어 쓴맛을 뺀 후 흐르는 물에 헹궈 물기를 짠다.

4. 청포묵은 0.5cm×0.5cm×5cm로 채썰어 끓는 물에 데쳐 식힌 뒤 소금, 참기름으로 무친다.

5. 소고기 중 일부는 0.3cm×0.3cm×5cm로 채썰어 양념(간장 2작은술, 설탕 1작은술, 다진 파, 다진 마늘, 후추, 깨소금, 참기름)에 무치고 나머지 소고기는 곱게 다진 후 양념하여 약고추장용으로 쓴다.

6. 달걀은 황, 백으로 나누어 소금을 넣고 잘 저어 각각 지단을 부쳐 5cm 길이로 채썬다.

7. 고사리는 뻣뻣한 줄기는 잘라내고, 5cm 길이로 잘라 양념(간장 2작은술, 설탕 1작은술, 다진 파, 다진 마늘, 후추, 깨소금, 참기름)으로 무친 뒤, 먼저 손질해 둔 도라지, 애호박을 먼저 볶은 뒤 고사리, 소고기 순으로 볶아준다. (Key 고사리를 볶을 때 물 1큰술을 넣어 고사리를 부드럽게 해준다.)

8. 다시마는 기름에 튀겨 잘게 부순다.

9. 팬에 양념한 다진 소고기를 볶다가 고추장 1큰술, 설탕 1/2큰술, 참기름, 물 1~2큰술을 넣어 부드럽게 볶아 약고추장을 만든다.

10. 완성그릇에 밥을 편명하게 담고 그 위에 준비한 재료를 색이 겹치지 않도록 돌려담는다.

11. 중앙에 약고추장을 올린 뒤 약고추장 옆에 튀긴 다시마를 얹어 낸다.

01 비빔밥

HONEY TIP

레시피 요약

레시피 요약

01 무생채

시험시간 15분

① 무는 0.2cm×0.2cm×6cm의 일정한 규격으로 채썬다.
② 무채에 고운 고춧가루를 넣어 젓가락을 사용해 빨갛게 물들인다.
③ 무를 양념에 젓가락을 사용해 무치고 70g 이상을 완성접시에 담는다.
   * 양념 : 소금 1/3작은술, 식초 1작은술, 설탕 1작은술, 다진 파, 다진 마늘, 다진 생강, 깨소금

02 도라지생채

시험시간 15분

① 도라지는 돌려가며 껍질을 뜯어 제거한다.
② 0.3cm×0.3cm×6cm의 일정한 규격으로 채썬다.
③ 채썬 도라지를 소금물에 절여 쓴맛을 제거한다.
④ 절여진 도라지를 흐르는 물에 씻어 물기를 제거한다.
⑤ 도라지를 양념에 젓가락을 사용해 무쳐 완성한다.
   * 양념 : 고추장 1큰술, 고운 고춧가루 1/2 작은술, 설탕 1/4작은술, 식초 1/4작은술, 다진 파, 다진 마늘, 깨소금

03 두부젓국찌개

시험시간 20분

① 굴을 껍질을 골라내고 소금물에 흔들어 씻은 뒤 흐르는 물에 헹궈 체에 밭쳐 놓는다.
② 새우젓은 곱게 다진 후 젖은 면포에 짜서 새우젓 국물을 준비한다.
③ 두부는 2cm×3cm×1cm, 실파는 3cm, 씨를 제거한 홍고추는 0.5cm×3cm로 썬다.
④ 냄비에 물 2컵에 약간의 소금을 넣고 끓으면, 두부를 넣는다.
⑤ 두부가 반 정도 익으면 굴과 새우젓 국물 2작은술, 다진 마늘을 넣고 살짝 끓인다.
⑥ 실파, 홍고추, 참기름 약간을 넣는다.
⑦ 완성그릇에 건더기와 국물 200ml를 담아낸다.

edukyungrok.com

04 더덕생채

시험시간 20분

① 더덕을 칼날 뒷부분으로 돌려가며 껍질을 뜯어 길이로 이등분한다.
② 소금물에 담가 쓴맛을 제거한 후 흐르는 물에 헹궈 물기를 제거한다.
③ 5cm 길이로 편으로 썰고, 밀대로 두드려 편다.
④ 손을 이용하여 더덕을 가늘게 찢는다.
⑤ 고춧가루를 체에 내려 고운 고춧가루로 더덕을 붉게 물들인다.
⑥ 젓가락을 사용해 양념을 버무려 완성한다.
  * 양념 : 소금 약간, 식초 2작은술, 설탕 1작은술, 다진 파, 다진 마늘, 깨소금

05 북어구이

시험시간 20분

① 북어포는 충분히 물에 적신 후 젖은 행주에 싸서 불린다.
② 북어손질 : 물기 → 머리, 지느러미, 꼬리, 뼈 잔가시 제거 → 껍질쪽에 잔 칼집 넣기
③ 손질된 북어 6cm 길이로 3등분 한다(북어를 구우면 줄어들기 때문에 요구사항에 맞도록 조금 크게 자른다).
④ 석쇠를 코팅하고 유장처리한 북어를 초벌구이 한다.
  * 유장양념 : 간장 1작은술, 참기름 1큰술
⑤ 고추장 양념을 골고루 바르고, 타지 않게 구워 완성접시에 3개를 담아낸다.
  * 고추장양념 : 고추장 2큰술, 설탕 1/2큰술, 다진 파, 다진 마늘, 후추, 깨소금, 참기름

06 육원전

시험시간 20분

① 소고기는 핏물과 기름기를 제거한 후 곱게 다진다.
② 두부는 곱게 으깬 뒤 면포로 짜서 물기를 제거한다.
③ 다진 소고기와 으깬 두부에 양념을 넣고 충분히 치댄다.
  * 양념 : 소금, 설탕, 다진 파, 다진 마늘, 후추, 깨소금, 참기름
④ 완자는 지름 4~5cm, 두께 0.6cm 크기로 만든다.
  (익으면서 모양이 변하기 때문에 지름은 크게 두께는 작게 만든다)
⑤ 노른자에 흰자 약간과 소금을 넣어 풀어준다.
⑥ 완자에 밀가루를 얇게 입히고, 달걀물을 입혀 약불에서 지져 육원전 6개를 완성한다.

07 육회

시험시간 20분

① 배는 껍질을 벗겨 규격에 맞게 썰어 설탕물에 담가 놓는다.
② 양념에 사용할 마늘만 곱게 다지고, 나머지는 편으로 썬다.
③ 잣은 고깔을 제거하고 A4 용지 위에서 곱게 다진다.
④ 소고기는 결 반대로 0.3cm×0.3cm×6cm로 채썬다.
⑤ 설탕물에 담가둔 배는 물기를 제거한 후 완성접시에 돌려 담는다.
⑥ 채썬 소고기 70g 이상에 육회양념을 버무린 후 동그랗게 만들어 접시 중앙에 담는다.
  * 육회양념 : 소금, 설탕, 다진 파, 다진 마늘, 후추, 깨소금, 참기름
⑦ 소고기 주변으로 마늘 편을 돌려 담고 다진 잣가루를 올린다.

레시피 요약

08 표고전

시험시간 20분

① 불린 표고버섯의 수분을 제거한 후 기둥 끝부분을 잘라낸 후 안쪽에 양념을 바른다.
 * 표고버섯 양념 : 간장 1작은술, 설탕 1/2작은술, 참기름 1큰술
② 소고기는 핏물을 제거한 후 곱게 다지고, 두부는 곱게 으깬 뒤 면포로 짜서 물기를 제거한다.
③ 다진 소고기와 으깬 두부에 양념을 넣고 치댄다.
 * 양념 : 소금, 설탕, 다진 파, 다진 마늘, 후추, 깨소금, 참기름
④ 표고버섯의 안쪽에 얇게 밀가루를 묻힌 후 소를 눌러 채운다.
⑤ 소부분에 밀가루, 달걀물 순으로 묻힌 후 팬에 약불에서 속까지 익혀 표고전 5개를 완성한다.

09 홍합초

시험시간 20분

① 합은 이물질과 족사를 제거하고 소금물에 헹궈 체에 밭쳐 놓는다.
② 홍합은 끓는 물에 살짝 데쳐 찬물에 헹궈 놓는다.
③ 대파는 2cm 길이로, 마늘과 생강은 편으로 썬다.
④ 냄비에 조림장을 넣고 끓으면 데친 홍합, 마늘, 생강을 넣고 국물을 끼얹으며 조린다.
 * 조림장 : 간장 2큰술, 설탕 1큰술, 물 1/2컵
⑤ 국물이 반 정도 졸면 대파를 넣고 조리다가 후추와 참기름을 넣는다.
⑥ 완성접시에 조려진 재료를 놓고 국물 2큰술을 끼얹고, 다진 잣가루를 올려 완성한다.

10 너비아니구이

시험시간 25분

① 배는 껍질을 벗긴 후 강판에 갈아 젖은 면포에 짜서 배즙을 만든다.
② 소고기는 핏물을 제거한 후 결의 반대 방향으로 0.4cm×5cm×6cm로 썬 후 칼등으로 두들겨 배즙 1큰술에 재워둔다(익으면서 길이가 줄어들기 때문에 조금 더 크게 자른다).
③ 배즙에 재운 소고기에 간장 양념을 넣어 재운다.
 * 간장 양념 : 간장 1큰술, 설탕 1/2큰술, 배즙 1큰술, 다진 파, 다진 마늘, 후추, 깨소금, 참기름
④ 석쇠를 코팅하여 재운 고기를 가장자리가 겹치도록 올려 앞, 뒤로 익힌다.
⑤ 완성그릇에 너비아니구이 6쪽을 담고, 잣가루를 얹어 완성한다.

11 두부조림

시험시간 25분

① 두부는 0.8cm×3cm×4.5cm로 썰고 면포에 올려 소금을 약간 뿌려 물기를 제거한다.
② 속을 저며 낸 대파는 2~3cm로 채썰고, 실고추는 2~3cm로 준비한다.
③ 팬에 식용유를 두른 후 물기를 제거한 두부를 앞, 뒤로 노릇하게 지진다.
④ 냄비에 두부를 담고 조림장을 넣고 끼얹어 가며 윤기나게 조린다.
 * 조림장 : 간장 1큰술, 설탕 1/2큰술, 물 1/4컵, 다진 파, 다진 마늘, 후추, 깨소금, 참기름
⑤ 실고추와 파채를 각각 두부에 고명으로 얹고 뜸을 들인다.
⑥ 완성접시에 두부 8쪽을 담고 국물을 2큰술 정도 끼얹는다.

12 생선전

시험시간 25분

① 동태는 칼로 비늘, 지느러미, 머리 순으로 제거 → 배를 갈라 내장과 검은 막 제거 → 물에 씻은 후 물기를 제거한다.
② 살이 뼈에 남지 않고, 부서지지 않도록 세장뜨기를 한다.
③ 포의 끝부분부터 칼을 넣어 껍질을 벗겨낸다.
④ 손질한 생선을 0.4cm×6cm×5cm로 포를 떠 면포에 올려 소금과 흰 후춧가루로 밑간을 한다(익으면서 길이는 줄고, 두께는 두꺼워지므로 완성작이 0.5cm×5cm×4cm가 되도록 자른다).
⑤ 생선포에 밀가루를 얇게 입히고 달걀물을 묻혀 색이 나지 않게 지져 생선전 8개를 완성한다.

13 재료썰기

시험시간 25분

① 달걀은 황·백을 분리하여 알끈을 제거하고 소금을 넣고 풀어 각각 지단을 부친다.
② 무는 5cm 길이로 자른 후 0.2cm×0.2cm×5cm로 채썬다.
③ 오이는 소금에 문질러 씻어 5cm로 잘라 돌려깎기 하여 0.2cm×0.2cm×5cm로 채썬다.
④ 당근은 길이로 5cm 자른 뒤 사방 1.5cm 스틱모양으로 잘라 0.2cm 두께의 골패형으로 썬다.
⑤ 지단이 충분히 식으면 황·백을 각각 1.5cm 마름모꼴 10개를 썰고, 남은 지단은 5cm 길이로 자른 후 0.2cm 두께로 일정하게 썬다.
⑥ 완성접시에 보기 좋게 담아낸다.

14 풋고추전

시험시간 25분

① 풋고추는 5cm로 자른 후 반으로 잘라 씨를 제거한다.
② 끓는 물에 소금을 넣고 풋고추를 살짝 데친 후 찬물에 헹군다.
③ 소고기는 핏물을 제거하여 곱게 다지고, 두부는 곱게 으깬 뒤 면포로 짜서 물기를 제거하여 양념한다.
  * 양념 : 소금, 설탕, 다진 파, 다진 마늘, 후추, 깨소금, 참기름
④ 풋고추 안쪽에 밀가루를 얇게 묻힌 후 소를 편평하게 채운다.
⑤ 소가 채워진 부분에 밀가루, 달걀물 순으로 입히고, 달궈진 팬에서 약불로 속까지 익혀 풋고추전 8개를 완성한다.

15 콩나물밥

시험시간 30분

① 불린 쌀은 체에 밭쳐 물기를 제거하고, 콩나물은 꼬리 부분만 다듬는다.
② 소고기는 가늘게 채썰어 양념한다.
  * 소고기 양념 : 간장 1작은술, 다진 파, 다진 마늘, 참기름
③ 냄비에 쌀을 넣고 그 위로 콩나물과 양념한 소고기를 펴서 올리고 쌀과 동일한 양의 물을 넣는다.
④ 뚜껑을 덮은 채로 끓이고, 끓기 시작하면 약불로 줄여 8~10분 정도 익힌 후 불을 끄고 8분 뜸을 들인다.
⑤ 쌀알이 익었는지 확인하고 고르게 섞어 완성그릇에 담아낸다.

16 더덕구이

① 더덕은 돌려뜯기하여 껍질을 제거한 뒤 길게 반으로 갈라 소금물에 담가둔다.
② 더덕이 충분히 절여지면 수분을 제거한 후 밀대로 밀고 두들겨서 두께를 조절한다.
③ 길이 5cm 정도로 8토막 이상 만든다.
④ 석쇠를 코팅하여 더덕의 앞뒤로 유장처리한 후 초벌구이 한다.
  * 유장 : 간장 1작은술, 참기름 1큰술
⑤ 초벌구이한 더덕에 고추장 양념을 고르게 발라 굽는다.
  * 고추장 양념 : 고추장 1큰술, 설탕 1/2큰술, 다진 파, 다진 마늘, 깨소금, 참기름
⑥ 완성접시에 더덕구이 8개를 담는다.

17 섭산적

① 고기는 핏물을 제거하여 곱게 다지고, 두부는 곱게 으깬 뒤 면포로 짜서 물기를 제거한다.
② 다진 소고기와 으깬 두부에 양념을 넣어 충분히 치댄다.
  * 양념 : 다진 파, 다진 마늘, 소금, 설탕, 후추, 깨소금, 참기름
③ 0.7cm×8cm×8cm가 되도록 반대기를 빚어낸 뒤 +로 잔 칼집을 넣는다.
④ 석쇠를 코팅해 반대기를 올려 타지 않게 앞, 뒤로 돌려가며 굽는다.
⑤ 섭산적을 모서리를 정리하여 2cm×2cm 크기로 네모나게 9토막으로 썰어 완성그릇에 담고, 각각 위에 잣가루를 올려 완성한다.

18 생선양념구이

① 생선은 칼로 비늘 제거 → 배와 등쪽의 지느러미 제거 → 꼬리를 V자 모양으로 자르기 → 아가미 쪽의 내장 제거 순으로 손질한다.
② 손질한 생선의 앞, 뒷면에 2cm 간격으로 3군데에 칼집을 어슷하게 넣고, 소금을 뿌려 밑 간을 한다.
③ 생선에 유장처리를 한 후 석쇠를 코팅하여 앞뒤로 초벌구이하며 90% 익혀준다.
  * 유장 : 간장 1작은술, 참기름 1큰술
④ 초벌구이한 생선에 고추장 양념을 고르게 바른 후 타지 않게 굽는다.
  * 양념 : 고추장 2큰술, 설탕 1큰술, 다진 파, 다진 마늘, 후추, 깨소금, 참기름
⑤ 완성접시에 익힌 생선의 머리는 왼쪽, 배는 아래를 향하게 담아낸다.

19 생선찌개

① 무와 두부는 2.5cm×3.5cm×0.8cm, 실파와 쑥갓은 4cm 길이로 자르고, 애호박은 0.5cm 두께의 반달형으로 썬다. 쑥갓은 찬물에 담가 놓는다.
② 풋고추와 홍고추는 어슷썰기 후 씨를 제거한다.
③ 동태는 칼로 비늘, 지느러미 제거 → 머리 자르기 → 몸통은 4~5cm 정도로 3등분하기 → 머리의 아가미 안에 불순물과 내장 제거, 입 자르기
④ 냄비에 물 3컵에 고추장 1큰술, 소금 1/2작은술, 무, 생선 → 고춧가루 2작은술, 다진 마늘, 다진 생강 → 애호박, 두부 → 풋고추, 홍고추, 실파 순으로 넣어 끓이며 거품을 제거한다.
⑤ 소금으로 간을 맞추고 건더기 먼저 완성그릇에 담은 후 쑥갓을 국물에 적혀 올린 후 국물을 담아 완성한다.

20 오징어볶음

시험시간 30분

① 양파는 1cm 두께로 자르고 홍고추, 풋고추, 대파는 0.5cm 정도 두께로 어슷하게 썬 고추는 씨를 제거한다.
② 오징어는 칼로 배를 갈라 내장 제거 → 껍질제거 → 몸통의 안쪽에 0.3cm 간격으로 어슷하게 ×자 칼집 넣기 → 몸통을 가로 4.5cm, 세로 2cm, 다리는 4cm 길이로 썰기 (익으면서 몸통은 줄어들기 때문에 완성작이 4cm×1.5cm가 되도록 자른다)
③ 팬을 달궈 식용유를 둘러 양파를 볶다가 홍고추, 풋고추, 대파를 넣어 같이 볶는다.
④ 고추장 양념을 넣어 볶다가 손질된 오징어를 넣고 센불에서 볶아 완성접시에 담아낸다.
 * 고추장 양념 : 고추장 2큰술, 고춧가루 2작은술, 설탕 1큰술, 다진 마늘, 다진 생강, 간장, 후추, 깨소금, 참기름

21 완자탕

시험시간 30분

① 물 2.5컵에 소고기(사태)와 파, 마늘을 넣고 끓인 후 면포에 내려 국간장으로 색을 내고, 소금으로 간하여 육수를 만든다.
② 소고기는 충분히 다지고 두부는 곱게 으깬 뒤 면포로 짜서 물기를 제거하여 한곳에 넣고 양념을 넣어 충분히 치댄다.
 * 완자 양념 : 소금, 설탕, 다진 파, 다진 마늘, 후추, 깨소금, 참기름
③ 만든 소를 6등분하여 직경 3cm 정도의 완자 6개를 만들어 밀가루를 얇게 입혀 달걀물을 묻히고 남은 달걀물은 황·백 지단을 만든다.
④ 달걀물을 입힌 완자를 달군 팬에 중불에서 굴려가며 익힌 후 육수에 넣고 끓인다.
⑤ 완자가 다 익으면 완성그릇에 국물 200ml와 함께 담고, 마름모꼴로 썬 황·백 지단을 2개씩 얹어 완성한다.

22 장국죽

시험시간 30분

① 불린 쌀은 체에 밭쳐 물기를 뺀 후 비닐에 넣고 밀대로 밀어 싸라기를 만든다.
② 불린 표고버섯은 얇게 포 뜬 후 3cm 길이로 채썰어 양념(간장, 참기름)하고 소고기는 핏물을 제거해 곱게 다져 양념한다.
 * 소고기 양념 : 간장 1작은술, 다진 파, 다진 마늘, 후추, 깨소금, 참기름
③ 냄비에 참기름을 둘러 소고기, 표고버섯, 싸라기 순으로 볶는다.
④ 쌀이 반투명해지면 쌀 분량의 6배(3컵)의 물을 넣고 강불에서 끓이다가 중불에서 쌀알이 퍼질 때까지 바닥까지 저어주며 끓이고 쌀알이 퍼지면 국간장으로 색을 맞추고 완성그릇에 담아낸다.

23 제육구이

시험시간 30분

① 돼지고기는 핏물을 제거하고 등분하여 칼등으로 두드리고 칼집을 넣는다.
② 완성 규격인 0.4cm×4cm×5cm보다 0.5cm 정도 크게 자른다(고기가 익으면 길이가 줄어들기 때문에 고려하여 자른다).
③ 돼지고기의 앞, 뒤에 고추장 양념을 고르게 발라준다.
 * 고추장 양념 : 고추장 1큰술, 설탕 1/2큰술, 다진 파, 다진 마늘, 다진 생강, 후추, 깨소금, 참기름
④ 석쇠를 코팅하여 앞, 뒤로 구워 완성접시에 전량을 담는다.

24 겨자채

시험시간 35분

① 소고기는 핏물을 제거하여 끓는 물에 삶고, 냄비 뚜껑 위에 겨자가루를 따뜻한 물에 개어 뒤집어 놓고 발효시킨다.
② 삶은 고기, 양배추, 오이, 당근, 황·백 지단은 0.3cm×1cm×4cm로 썰고, 채소는 찬물에 담가둔다.
③ 배는 0.3cm×1cm×4cm로 썰고, 밤은 모양대로 썰어 설탕물에 담가 놓는다.
④ 준비해둔 재료를 물기를 제거하여 겨자소스에 골고루 버무려 완성접시에 담는다.
  * 겨자소스 : 발효 겨자 1큰술, 소금 약간, 설탕 1큰술, 식초 1.5큰술, 간장 2방울
⑤ 고명으로 비늘잣을 얹어 완성한다.

25 미나리강회

시험시간 35분

① 끓는 물에 소금을 넣고 미나리 줄기를 살짝 데쳐 찬물로 헹군 후 물기를 제거하여 길게 찢어 20cm 정도로 자른다.
② 소고기는 핏물을 제거한 후 끓는 물에 삶는다.
③ 홍고추는 길이 4cm로 자르고 반을 갈라 씨를 제거하고, 폭 0.5cm로 자른다.
④ 소고기 편육, 황·백 지단을 길이 5cm, 폭 1.5cm로 잘라 준비한다.
⑤ 소고기 편육, 백 지단, 황지단, 홍고추 순서로 포개어 모양을 잡고 중간을 데친 미나리로 말아준다.
⑥ 완성접시에 미나리강회 8개에 초고추장을 곁들여낸다.
  * 초고추장 : 고추장 1큰술, 설탕 1/2큰술, 식초 1큰술, 물 1큰술

26 잡채

시험시간 35분

① 숙주는 거두절미하여 살짝 데친 후 찬물에 헹궈 소금과 참기름으로 밑간을 하고, 목이버섯은 따뜻한 물에 불려 작게 찢는다.
② 표고버섯과 소고기는 채썰어 양념한다.
  * 양념 : 간장 1작은술, 설탕 1/2작은술, 다진 파, 다진 마늘, 후추, 깨소금, 참기름
③ 도라지는 돌려뜯기 하여 0.3cm×0.3cm×6cm로 썰어 소금으로 주물러 씻는다.
④ 황·백 지단은 0.2cm×0.2cm×4cm, 오이는 돌려깎기, 당근은 껍질을 벗겨 0.3cm×0.3cm×6cm, 양파는 6cm로 채썰어 달군 팬에 각각 볶아 식혀 놓는다.
⑤ 당면은 삶아 찬물에 헹군 후 물기를 제거하고 적당한 길이로 가로로 자른다.
⑥ 당면에 간장 2작은술, 설탕 1작은술, 참기름을 넣어 팬에 볶는다.
⑦ 모든 재료와 깨소금, 참기름을 넣어 버무려 완성접시에 담은 후 황·백 지단을 얹어 완성한다.

27 지짐누름적

시험시간 35분

① 도라지는 돌려뜯기 당근은 껍질을 벗긴 후 0.6cm×1cm×6cm로 썰어 끓는 소금물에 데치고, 찬물에 헹군 후 물기를 제거한다.
② 표고버섯은 0.6cm×1cm×6cm, 소고기는 칼집을 넣어 0.4cm×1cm×8cm로 썰어 양념하고, 쪽파는 6cm로 잘라 소금, 참기름으로 양념한다.
  * 소고기, 표고버섯 양념 : 간장 1작은술, 설탕 1/2작은술, 다진 파, 다진 마늘, 후추, 깨소금, 참기름
③ 팬에 도라지 → 당근 → 표고버섯 → 고기 순으로 볶아 놓는다.
④ 꼬치에 재료를 색 맞추어 끼우고, 밀가루를 얇게 입히고 달걀물을 묻혀 팬에 지진다.
⑤ 살짝 식힌 후 꼬치를 돌려가며 빼고 완성접시에 담아낸다.

28 화양적

시험시간 35분

① 도라지는 돌려뜯기, 오이, 당근, 표고버섯은 0.6cm×1cm×6cm로 자르고 도라지와 오이는 소금물에 절인다.
② 소고기는 2등분하여 두드리고 칼집을 넣고 칼끝으로 수축되지 않게 찔러 0.5cm×1cm×7cm로 자른 후 양념에 재운다.
  * 소고기 양념 : 간장 1작은술, 설탕 1/2작은술, 다진 파, 다진 마늘, 후추, 깨소금, 참기름
③ 도라지와 당근은 살짝 데친 후 물기를 제거한다.
④ 황지단은 두껍게 부쳐 자르고 도라지, 당근, 오이, 표고버섯, 고기 순으로 볶는다.
⑤ 꼬치에 재료를 색 맞춰 끼우고 칼끝으로 꼬치의 양끝을 1cm만 남기고 자른다.
⑥ 완성접시에 화양적 2꼬치를 담고, 잣가루를 각각 얹어 완성한다.

29 탕평채

시험시간 35분

① 청포묵은 0.4cm×0.4cm×6cm로 썰고, 숙주는 거두절미한다.
② 미나리 줄기, 숙주, 청포묵 순으로 데친 후 미나리는 굵은 줄기는 길게 반을 갈라 5cm 길이로 자르고, 청포묵은 식힌 후 소금, 참기름에 버무려 밑간을 한다.
③ 소고기는 채썰어 양념한다.
  * 소고기 양념 : 간장 1작은술, 설탕 1/2작은술, 다진 파, 다진 마늘, 후추, 깨소금, 참기름
④ 팬을 달궈 김을 구운 뒤 잘게 부셔 놓는다.
⑤ 황·백 지단을 부쳐 채썰고, 양념한 소고기는 팬을 달궈 볶아 식힌다.
⑥ 준비된 재료를 초간장에 버무려 완성그릇에 담고 김과 황·백 지단을 고명으로 얹어 완성한다.
  * 초간장 : 간장 1작은술, 설탕 1/2작은술, 식초 1/2작은술

30 칠절판

시험시간 40분

① 밀가루는 체에 내린 후 소금 약간과 동량의 물을 넣고 풀어서 밀전병 반죽을 만든다.
② 소고기는 얇게 채썰어 양념하고, 황·백 지단과 돌려깎기한 오이, 당근은 0.2cm×0.2cm×5cm로 채썬 후 오이와 당근은 각각 소금에 절인다.
③ 석이버섯은 따뜻한 물에 불려 손질하고 곱게 채썰어 소금, 참기름으로 양념하여 살짝 볶는다.
④ 절여진 오이와 당근은 물기를 제거하여 팬에 따로 볶은 후 소고기를 볶는다.
⑤ 팬에 기름을 얇게 둘러 직경 8cm 크기의 둥글고 얇은 밀전병을 만들어 식힌다.
⑥ 완성접시 중앙에 밀전병을 담고 나머지 재료를 색이 겹치지 않도록 담아낸다.

31 비빔밥

시험시간 50분

① 냄비에 불린 쌀에 동량의 물을 넣어 밥을 고슬고슬하게 짓는다.
② 애호박은 돌려깎기하여 채썰고, 도라지는 0.3cm×0.3cm×5cm로 채썰어 소금에 주물러 씻는다. 청포묵은 0.5cm×0.5cm×5cm로 채썰어 데치고 찬물에 헹군 후 물기를 제거하여 소금, 참기름으로 무치고, 황·백 지단은 5cm 길이로 채썬다.
③ 소고기의 일부는 채썰고, 나머지는 다져서 각각 양념하고, 고사리는 딱딱한 줄기를 잘라내고 5cm로 잘라 양념한다.
  * 소고기채, 고사리 양념 : 간장 2작은술, 설탕 1작은술, 다진 파, 다진 마늘, 후추, 깨소금, 참기름
④ 그릇에 편평하게 밥을 담고 그 위에 준비한 재료를 각각 볶은 후 색이 겹치지 않게 돌려 담고, 고추장 볶음과 튀긴 다시마를 얹어 완성한다.
  * 고추장 볶음 : 고추장 1큰술, 설탕 ½큰술, 참기름, 물 1~2큰술

edukyungrok

Audio   Video   Physical   e-Book

NCS
국가직무능력표준

• NCS에 관한 자세한 내용은 홈페이지(www.ncs.or.kr)를 참고하시기 바랍니다.

NCS 개념

- 국가직무능력표준(NCS, national competency standards)은 산업현장에서 직무를 수행하기 위해 요구되는 지식·기술·소양 등의 내용을 국가가 산업부문별·수준별로 체계화한 것으로, 국가적 차원에서 표준화한 것을 의미
- 직무는 NCS 분류표의 세분류를 의미하고, 원칙상 세분류 단위에서 NCS 개발
- 능력단위는 NCS 분류표상 세분류의 하위단위로서 NCS의 기본 구성요소에 해당

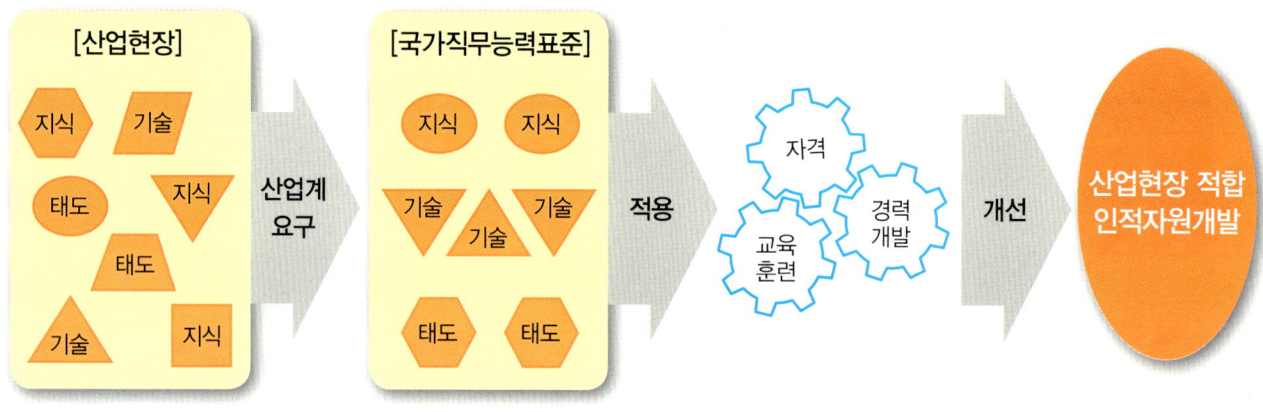

국가직무능력표준 구성

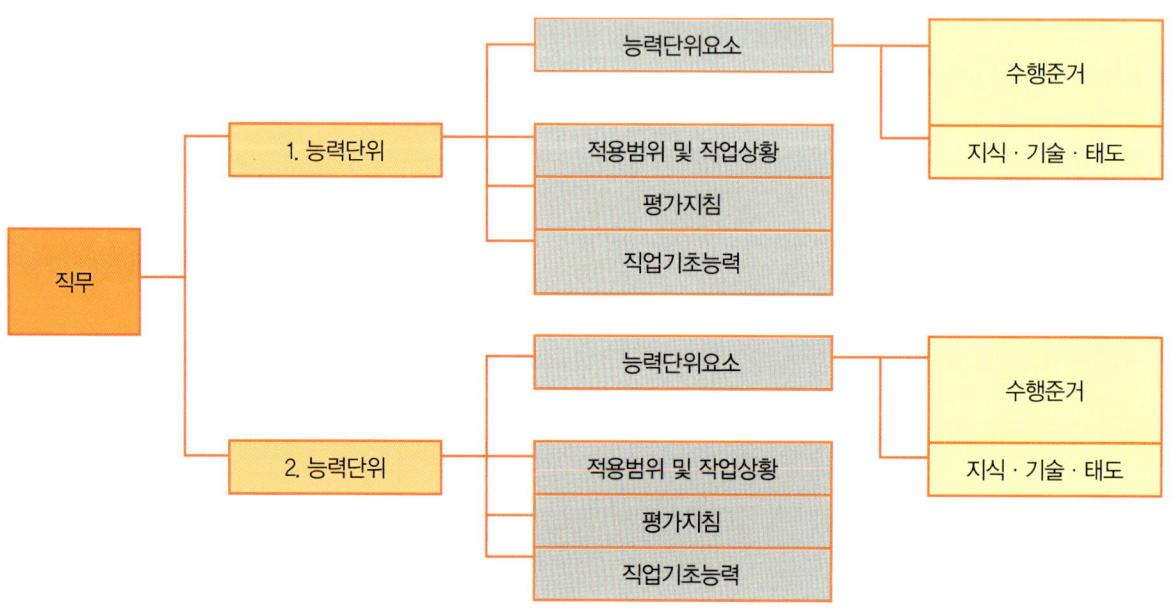

구성항목	내 용
① 능력단위분류번호(competency unit code)	· 능력단위를 구분하기 위하여 부여되는 일련번호로서 12자리로 표현
② 능력단위명칭(competency unit title)	· 능력단위의 명칭을 기입한 것
③ 능력단위정의(competency unit description)	· 능력단위의 목적, 업무수행 및 활용범위를 개략적으로 기술
④ 능력단위요소(competency unit element)	· 능력단위를 구성하는 중요한 핵심 하위능력을 기술
⑤ 수행준거(performance criteria)	· 능력단위요소별로 성취여부를 판단하기 위하여 개인이 도달해야 하는 수행의 기준을 제시
⑥ 지식 · 기술 · 태도(KSA)	· 능력단위요소를 수행하는 데 필요한 지식 · 기술 · 태도
⑦ 적용범위 및 작업상황(range of variable)	· 능력단위를 수행하는데 있어 관련되는 범위와 물리적 혹은 환경적 조건 · 능력단위를 수행하는 데 있어 관련되는 자료, 서류, 장비, 도구, 재료
⑧ 평가지침(guide of assessment)	· 능력단위의 성취여부를 평가하는 방법과 평가 시 고려되어야 할 사항
⑨ 직업기초능력(key competency)	· 능력단위별로 업무 수행을 위해 기본적으로 갖추어야 할 직업능력
⑩ 개발이력(Improvement History)	· 해당 능력단위의 최초 개발부터 능력단위가 변경된 이력관리

수준	내 용
8수준	【정의】해당분야에 대한 최고도의 이론 및 지식을 활용하여 새로운 이론을 창조할 수 있고, 최고도의 숙련으로 광범위한 기술적 작업을 수행할 수 있으며 조직 및 업무 전반에 대한 권한과 책임이 부여된 수준 【지식기술】해당분야에 대한 최고도의 이론 및 지식을 활용하여 새로운 이론을 창조할 수 있는 수준 【역량】조직 및 업무 전반에 대한 권한과 책임이 부여된 수준 【경력】7수준에서 2~4년 정도의 계속 업무 후 도달 가능한 수준
7수준	【정의】해당분야의 전문화된 이론 및 지식을 활용하여, 고도의 숙련으로 광범위한 작업을 수행할 수 있으며 타인의 결과에 대하여 의무와 책임이 필요한 수준 【지식기술】• 해당분야의 전문화된 이론 및 지식을 활용할 수 있으며, 근접분야의 이론 및 지식을 사용할 수 있는 수준 • 고도의 숙련으로 광범위한 작업을 수행하는 수준 【역량】타인의 결과에 대하여 의무와 책임이 필요한 수준 【경력】6수준에서 2~4년 정도의 계속 업무 후 도달 가능한 수준
6수준	【정의】독립적인 권한 내에서 해당분야의 이론 및 지식을 자유롭게 활용하고, 일반적인 숙련으로 다양한 과업을 수행하고, 타인에게 해당분야의 지식 및 노하우를 전달할 수 있는 【지식기술】• 해당분야의 이론 및 지식을 자유롭게 활용할 수 있는 수준 • 일반적인 숙련으로 다양한 과업을 수행할 수 있는 수준 【역량】• 타인에게 해당분야의 지식 및 노하우를 전달할 수 있는 수준 • 독립적인 권한 내에서 과업을 수행할 수 있는 수준 【경력】5수준에서 1~3년 정도의 계속 업무 후 도달 가능한 수준

수준	내 용
5수준	【정의】 포괄적인 권한 내에서 해당분야의 이론 및 지식을 사용하여 매우 복잡하고 비일상적인 과업을 수행하고, 타인에게 해당분야의 지식을 전달할 수 있는 수준
	【지식기술】 • 해당분야의 이론 및 지식을 사용할 수 있는 수준 • 매우 복잡하고 비일상적인 과업을 수행할 수 있는 수준
	【역량】 • 타인에게 해당분야의 지식을 전달할 수 있는 수준 • 포괄적인 권한 내에서 과업을 수행할 수 있는 수준
	【경력】 4수준에서 1~3년 정도의 계속 업무 후 도달 가능한 수준
4수준	【정의】 일반적인 권한 내에서 해당분야의 이론 및 지식을 제한적으로 사용하여 복잡하고 다양한 과업을 수행하는 수준
	【지식기술】 • 해당분야의 이론 및 지식을 제한적으로 사용할 수 있는 수준 • 복잡하고 다양한 과업을 수행할 수 있는 수준
	【역량】 일반적인 권한 내에서 과업을 수행할 수 있는 수준
	【경력】 3수준에서 1~4년 정도의 계속 업무 후 도달 가능한 수준
3수준	【정의】 제한된 권한 내에서 해당분야의 기초이론 및 일반지식을 사용하여 다소 복잡한 과업을 수행하는 수준
	【지식기술】 • 해당분야의 기초이론 및 일반지식을 사용할 수 있는 수준 • 다소 복잡한 과업을 수행하는 수준
	【역량】 제한된 권한 내에서 과업을 수행하는 수준
	【경력】 2수준에서 1~3년 정도의 계속 업무 후 도달 가능한 수준
2수준	【정의】 일반적인 지시 및 감독 하에 해당분야의 일반 지식을 사용하여 절차화되고 일상적인 과업을 수행하는 수준
	【지식기술】 • 해당분야의 일반 지식을 사용할 수 있는 수준 • 절차화되고 일상적인 과업을 수행하는 수준
	【역량】 일반적인 지시 및 감독 하에 과업을 수행하는 수준
	【경력】 1수준에서 6~12개월 정도의 계속 업무 후 도달 가능한 수준
1수준	【정의】 구체적인 지시 및 철저한 감독 하에 문자이해, 계산능력 등 기초적인 일반지식을 사용하여 단순하고 반복적인 과업을 수행하는 수준
	【지식기술】 • 문자이해, 계산능력 등 기초적인 일반 지식을 사용할 수 있는 수준 • 단순하고 반복적인 과업을 수행하는 수준
	【역량】 구체적인 지시 및 철저한 감독 하에 과업을 수행하는 수준

대분류	중분류	소분류	세분류
13. 음식서비스	1. 식음료 조리 · 서비스	1. 음식조리	01. 한식조리
			02. 양식조리
			03. 중식조리
			04. 일식 복이조리

1. 직무 개요

1) 직무 정의

> 한식조리는 조리사가 메뉴를 계획하고, 식재료를 구매, 관리, 손질하여 정해진 조리법에 의해 조리하며 식품위생과 조리기구, 조리 시설을 관리하는 일이다.

2) 능력단위

순 번	능 력 단 위	페이지	순 번	능 력 단 위	페이지
1	한식기초조리실무		11	한식 죽조리	
2	한식 면류조리		12	한식 찌개조리	
3	한식 국·탕조리		13	한식 전골조리	
4	한식 찜·선조리		14	한식 조림·초조리	
5	한식 구이조리		15	한식 볶음조리	
6	김치조리		16	한식 전·적조리	
7	음청류조리		17	한식 튀김조리	
8	한과조리		18	한식생채·회조리	
9	장아찌조리		19	한식 숙채조리	
10	한식 밥조리				

3) 능력단위별 능력단위요소

능 력 단 위	수 준	능 력 단 위 요 소
한식기초조리실무	2	기본 칼 기술 습득하기
		기본 기능 습득하기
		기본 조리법 습득하기
한식 면류조리	4	면류 재료 준비하기
		면류 조리하기
		면류 담기
한식 국·탕조리	2	국·탕 재료 준비하기
		국·탕 조리하기
		국·탕 담기
한식 찜·선조리	4	찜·선 재료 준비하기
		찜·선 조리하기
		찜·선 담기
한식 구이조리	4	구이 재료 준비하기
		구이 조리하기
		구이 담기
		김치 재료 준비하기

김치조리	4	김치양념 배합하기	
		김치 조리하기	
		김치 담기	
음청류조리	3	음청류 재료 준비하기	
		음청류 조리하기	
		음청류 담기	
한과조리	5	한과 재료 준비하기	
		한과 재료 배합하기	
		한과 조리하기	
		한과 담기	
장아찌조리	4	장아찌 재료 준비하기	
		장아찌양념 배합하기	
		장아찌 조리하기	
		장아찌 담기	
한식 밥조리	2	밥 재료 준비하기	
		밥 조리하기	
		밥 담기	
한식 죽조리	2	죽 재료 준비하기	
		죽 조리하기	
		죽 담기	
한식 찌개조리	2	찌개 재료 준비하기	
		찌개 조리하기	
		찌개 담기	
한식 전골조리	4	전골 재료 준비하기	
		전골 조리하기	
		전골 담기	
한식 조림·초조리	3	조림·초 재료 준비하기	
		조림·초 조리하기	
		조림·초 담기	
한식 볶음조리	4	볶음 재료 준비하기	
		볶음 조리하기	
		볶음 담기	
한식 전·적조리	2	전·적 재료 준비하기	
		전·적 조리하기	
		전·적 담기	
한식 튀김조리	4	튀김 재료 준비하기	
		튀김 조리하기	
		튀김 담기	
한식생채·회조리	2	생채·회 재료 준비하기	
		생채·회 조리하기	
		생채·회 담기	
한식 숙채조리	4	숙채 재료 준비하기	
		숙채 조리하기	
		숙채 담기	

2. 능력단위별 세부내용

능력단위 명칭: 한식기초조리실무

능력단위 정의: 한식 기초조리실무는 한식조리를 수행함에 있어 칼 다루기, 기본 고명 만들기, 한식 기초조리법 등 기본적인 지식을 이해하고 기능을 익혀 조리업무에 활용할 수 있는 능력이다.

능력단위요소	수행준거
1301010120_16v3.1 기본 칼 기술 습득하기	1.1 칼의 종류와 사용용도를 이해할 수 있다. 1.2 기본 썰기방법을 습득할 수 있다. 1.3 조리목적에 맞게 식재료를 썰 수 있다. 1.4 칼을 연마하고 관리할 수 있다.
	【지식】 • 칼의 종류와 사용용도 • 칼을 숫돌과 샤프닝 스틸(sharpening steel)을 이용해 연마하는 방법 • 조리방법과 썰기 방법 • 다양한 모양의 썰기 용어 • 칼 보관 방법
	【기술】 • 칼을 숫돌과 샤프닝 스틸(sharpening steel)을 이용해 연마하는 기술 • 칼의 활용, 관리, 보관능력 • 칼을 사용하여 다양한 크기, 두께, 굵기, 모양으로 써는 능력 • 다양한 종류의 칼을 사용할 수 있는 능력 • 한식·조리방법과 자르기 기술 • 주방도구의 활용, 관리, 보관능력 • 칼 가는 기술
	【태도】 • 메모태도 • 의사소통 • 문제해결 • 관찰태도 • 안전복장 • 반복훈련
1301010120_16v3.2 기본 기능 습득하기	2.1 한식 기본양념에 대한 지식을 이해하고 습득할 수 있다. 2.2 한식 고명에 대한 지식을 이해하고 습득할 수 있다. 2.3 한식 기본 육수조리에 대한 지식을 이해하고 습득할 수 있다. 2.4 한식 기본 식재료와 전처리 방법, 활용방법에 대한 지식을 이해하고 습득할 수 있다.
	【지식】 • 한식 기본양념의 종류와 준비방법 • 식품의 조리 중 변화 • 한식 고명의 종류 • 식재료의 특징과 종류 • 한식에 사용되는 육수 조리방법 • 식재료의 전처리 방법과 활용방법 • 조리에 따른 조리원리
	【기술】 • 양념재료 활용 능력 • 고명 조리능력 • 한식 식재료 활용 능력 • 육수 조리능력 • 식재료와 조리법 이해 및 분석능력 • 식재료의 전처리 능력
	【태도】 • 메모태도 • 다양한 정보를 바탕으로 조리 연구하는 태도 • 위생적인 복장 • 안전사항 준수 • 식품 특성을 관찰하는 태도 • 위생관리기준 준수

1301010120_16v3.3 기본 조리법 습득하기	3.1 한식의 종류와 상차림에 대한 지식을 이해하고 습득할 수 있다. 3.2 조리도구의 종류 및 용도를 이해하고 적절하게 사용할 수 있다. 3.3 식재료의 정확한 계량방법을 습득할 수 있다. 3.4 한식 기본 조리법과 조리원리에 대한 지식을 이해하고 습득할 수 있다.
	【지식】 • 계량법 • 도구사용법 • 조리기물의 종류와 명칭, 특징, 용도 • 한식 음식종류 및 분류 • 한식 상차림 • 조리방법에 대한 지식 • 조리과정 중의 물리화학적 변화에 대한 조리과학적 지식 • 조리조건에 따른 물리화학적 변화에 대한 지식 • 다양한 정보를 활용하여 분석하고 적용하는 지식 • 조리환경에 따라 메뉴를 분석하고 적용하는 지식
	【기술】 • 레시피 또는 표준조리법에 의한 조리능력 • 적합한 주방도구 활용, 관리, 보관능력 • 조리방법에 따른 장비 활용 능력 • 주방 장비 청소 및 보관능력 • 주방 정리 및 청소 능력 • 맛을 내는 능력 • 한식기초 조리에 필요한 자료를 수집할 수 있는 능력
	【태도】 • 조리방법을 연구하는 과학적인 태도 • 위생적 조리태도 • 다양한 정보를 이용하여 메뉴를 수집하고 노력하는 태도 • 안전사항 준수 • 위생관리기준 준수

고려사항

- 한식 기초조리실무 능력단위는 다음 범위가 포함된다.
  - 기초 기능 연마하기
  - 채썰기 : 무나 당근 0.2cm 두께, 6cm길이로 채썰기
  - 돌려깎기 : 오이나 호박을 5cm길이로 썰어 0.2cm 두께로 껍질 돌려깎기
  - 황백지단을 조리하여 각각 골패형, 마름모형, 지단채로 썰기
  - 석이버섯 불려 손질하여 0.2cm 넓이로 채썰어 볶기
  - 표고버섯 불려 손질하여 포 떠서 0.3cm 넓이로 채썰어 볶기
  - 소고기 0.3cm로 채썰어 볶기
- 조리도구의 사용전후 세척하여 관리하는 능력
- 칼을 용도별로 다룰 수 있는 능력
- 계량을 정확히 할 수 있는 능력
- 고명을 준비하고 사용할 수 있는 능력
- 육수 조리에 사용되는 재료와 조리방법
- 양념을 준비하고 사용할 수 있는 능력
- 조리도구를 정리하고 보관할 수 있는 능력

- 한식조리방법의 종류에 대한 지식
- 한국음식의 분류와 상차림의 종류에 대한 지식
- 한식식재료의 종류와 특성에 대한 지식
- 조리과정중 일어나는 물리화학적 변화에 대한 조리과학적 지식
- 조리환경에 맞춰 조리조건을 달리하여 표준레시피를 조절하는 능력
- 조리도구의 사용 전 후 세척하여 관리하는 능력

능력단위 명칭 :	한식 면류조리
능력단위 정의 :	한식 면류 조리란 밀가루나 쌀가루, 메밀가루, 전분 가루를 사용하여 국수, 만두, 냉면 등을 조리하는 능력이다.

능력단위요소	수행준거
1301010103_16v3.1 면류 재료 준비하기	1.1 면 조리(국수, 만두, 냉면)종류에 따라 재료를 준비할 수 있다. 1.2 조리에 사용하는 재료를 필요량에 맞게 계량할 수 있다. 1.3 부재료는 조리방법에 맞게 전처리할 수 있다. 1.4 찬물에 육수 재료를 넣고 면 조리의 종류에 맞게 화력과 시간을 조절하여 육수를 만들 수 있다. 1.5 가루를 분량대로 섞어 반죽할 수 있다. 1.6 사용 시점, 조리법에 따라 숙성, 보관할 수 있다. 1.7 손이나 기계를 사용하여 용도에 맞게 면이나 만두피를 만들 수 있다.
	【지식】 • 부재료와 양념의 종류 • 재료의 종류 • 재료의 특성, 성분 • 조리도구의 종류, 용도 • 재료 선별 • 용도에 맞는 육수의 종류 • 육수 만드는 방법 • 육수 냉각 • 조리기구사용법 • 조미료, 향신료의 종류와 특성 • 육수종류에 따른 재료선택 • 가루와 물의 배합비율 • 반죽의 상태판별법 • 반죽의 성형 • 반죽의 숙성 • 가루의 특성과 글루텐형성
	【기술】 • 면 종류에 따라 사용하는 재료의 선택능력 • 식재료 선별능력 • 재료에 따라 요구되는 세척기술 • 재료의 전처리능력 • 저장, 보관, 자르기 기술 • 부재료를 사용하여 맛과 향 조절능력 • 육수 조리 시 불의 세기 조절능력 • 육수를 냉각시켜 보관하는 기술 • 육수를 시간 맞춰 끓이는 기술 • 용도에 맞는 육수 끓이는 기술 • 가루와 물의 배합능력 • 면의 일정한 두께와 형태 조절 기술 • 면의 종류에 따른 밀기와 써는 기술 • 면의 종류에 따른 반죽의 숙성능력 • 면의 종류에 따른 반죽의 시간조절 능력 • 재료 특성에 따른 반죽기술
	【태도】 • 바른 작업태도 • 반복훈련태도 • 세밀하게 관찰하는 태도 • 안전관리태도 • 위생관리태도 • 준비재료에 대한 세밀한 점검 태도

1301010103_16v3.2 면류 조리하기	2.1 면 종류에 따라 삶거나 끓일 수 있다. 2.2 만두는 만두피에 소를 넣어 조리법에 따라 빚을 수 있다. 2.3 부재료를 조리법에 따라 조리할 수 있다. 2.4 면 종류에 따라 양념장을 만들어 비비거나 용도에 맞게 활용할 수 있다. 2.5 면의 종류에 따라 어울리는 고명을 만들 수 있다.	
	【지식】	
	• 고명의 종류 • 면 삶기 및 끓이기 • 면의 종류에 맞는 양념장 비율	• 면의 종류와 부재료의 특성 • 면 조리에 대한 조리원리 • 조리과정중 물리화학적 변화에 관한 조리과학적 지식
	【기술】	
	• 만두 빚는 기술 • 면(국수, 만두, 냉면)을 용도에 맞게 삶거나 끓이는 기술 • 면의 종류에 따라 찬물에 헹구어 탄력을 유지하는 기술 • 면의 종류에 맞는 양념장 만드는 기술 • 면의 종류와 특성에 맞는 부재료를 조리의 순서에 따라 조리하는 능력 • 칼국수를 일정하게 써는 기술	
	【태도】	
	• 바른 작업 태도 • 조리과정을 관찰하는 태도 • 실험조리를 수행하는 과학적 태도	• 안전관리태도 • 위생관리태도
1301010103_16v3.3 면류 담기	3.1 조리종류와 색, 형태, 인원수, 분량 등을 고려하여 그릇을 선택할 수 있다. 3.2 요리 종류에 따라 냉·온으로 제공할 수 있다. 3.3 필요한 경우 양념장과 고명을 얹거나 따로 제공할 수 있다.	
	【지식】	
	• 그릇과의 조화를 고려하여 담는 법 • 계절에 따른 그릇 선택 지식	• 면 종류에 어울리는 고명
	【기술】ㅤㅤㅤㅤㅤㅤㅤㅤㅤㅤㅤㅤㅤㅤㅤㅤㅤㅤㅤㅤㅤ	
	• 면을 모양내어 담는 능력 • 면의 종류에 따른 그릇 선택기술	• 면 종류에 어울리는 고명을 장식하는 기술 • 품질을 객관적으로 판정하는 능력
	【태도】	
	• 관찰하는 태도 • 반복훈련태도	• 바른 작업 태도 • 식품위생관리태도

고려사항

- 면 조리 능력단위는 다음 범위가 포함된다.
  - 국수류 : 비빔국수, 국수장국, 칼국수, 수제비, 막국수
  - 만두류 : 만둣국, 떡만둣국, 편수, 규아상
  - 냉면류 : 비빔냉면, 물냉면
  - 기타 : 떡국, 조랭이 떡국
- 육수란 소고기, 닭고기, 멸치, 새우, 다시마, 바지락, 채소 등에 물을 붓고 끓여낸 맑은 국물이다.
- 면류조리의 전처리란 맑은 육수를 만들기 위해 사전에 육류를 물에 담가 핏물을 제거하는 과정과 채소류 등을 다듬고 깨끗하게 씻는 과정을 말한다.
- 냉면류와 비빔국수, 막국수 등은 찬 온도로 제공하며 만둣국, 국수장국, 칼국수 등은 뜨거운 온도로 제공한다.
- 만두류는 조리법에 따라 찜통에 쪄내어 제공할 수도 있다.
- 만두소는 소고기, 돼지고기, 닭고기 등을 다진 육류와 으깬 두부나 다진 버섯·채소, 양념류를 혼합한다.

- 면을 삶아낼 때는 가열 중간에 1~2회 정도 찬물을 부어주고 끓고 나면 재빨리 찬물로 냉각함으로
- 면 조리시간 : 소면 4분, 칼국수 5~6분, 냉면 40초, 면의 굵기와 생면·건면 상태, 첨가물에 따라 조절할 수 있다.
- 필요에 따라 소면, 냉면, 메밀 면, 떡국용 떡, 조랭이 떡 등은 시판용을 사용할 수 있다.

능력단위 명칭 :	한식 국·탕조리
능력단위 정의 :	한식 국·탕조리란 육류나 어류 등에 물을 많이 붓고 오래 끓이거나 육수를 만들어 채소나 해산물, 육류 등을 넣어 조리하는 능력이다.

능력단위요소	수행준거
1301010104_16v3.1 국·탕 재료 준비하기	1.1 조리 종류에 맞추어 도구와 재료를 준비할 수 있다. 1.2 조리에 사용하는 재료를 필요량에 맞게 계량할 수 있다. 1.3 재료에 따라 요구되는 전처리를 수행할 수 있다. 1.4 찬물에 육수재료를 넣고 끓이는 시간과 불의 강도를 조절할 수 있다. 1.5 끓이는 중 부유물을 제거하여 맑은 육수를 만들 수 있다. 1.6 육수의 종류에 따라 냉·온으로 보관할 수 있다. 【지식】 • 육수의 종류 • 재료의 전처리 • 조리도구 종류와 용도 • 용도에 맞는 육수의 종류 • 육수의 상태 판별 • 조미료, 향신료의 종류와 특성 • 양념과 부재료의 성분과 특성 • 재료의 특성 • 재료 선별법 • 육수 만드는 방법 • 조리기구 및 기물사용 • 끓이는 시간과 불의 조절 【기술】 • 국물, 육수, 종류에 따른 주재료 선별능력 • 재료 보관능력 • 부재료 사용하여 끓이는 기술 • 용도에 맞는 재료의 불순물 제거기술 • 육수의 상태 판별능력 • 육수 종류에 따라 뼈, 육류 등 끓이는 시간 조절능력 • 식재료의 신선도 선별능력 • 재료 전처리능력 • 불의 조절능력 • 육수의 냉각 및 보관능력 【태도】 • 바른 작업태도 • 안전사항준수태도 • 준비재료에 대한 점검태도 • 반복훈련태도 • 위생관리태도 • 장시간 끓이며 육수 상태변화 관찰태도
1301010104_16v3.2 국·탕 조리하기	2.1 물이나 육수에 재료를 넣어 끓일 수 있다. 2.2 부재료와 양념을 적절한 시기와 분량에 맞춰 첨가할 수 있다. 2.3 조리 종류에 따라 끓이는 시간과 화력을 조절할 수 있다. 2.4 국·탕의 품질을 판정하고 간을 맞출 수 있다. 【지식】 • 관능평가 • 양념의 특성과 성분 • 조리가열 시간 • 조리과정 중의 물리화학적 변화에 관한 조리과학적 지식 • 국, 탕의 특성 • 양념장의 숙성과정 이해 • 주재료와 부재료의 특성

	【기술】
	• 국물 맛 감별능력 　　　　　　　　• 부재료의 특성에 맞게 조리기술
	• 불의 세기 조절능력 　　　　　　　• 양념장의 숙성도 조절능력
	• 양념장의 혼합 비율 조절능력 　　 • 음식 종류에 따른 양념 사용능력
	• 조리종류에 따른 국물 양 조절능력
	【태도】
	• 조리과정을 관찰하는 태도 　　　• 실험조리를 수행하는 과학적 태도
	• 안전관리태도 　　　　　　　　　• 위생관리태도
	• 조리과정 확인태도 　　　　　　　• 준비재료 세밀 점검태도
	• 조리도구 청결 관리태도
1301010104_16v3.3 국·탕 담기	3.1 조리종류와 색, 형태, 인원수, 분량 등을 고려하여 그릇을 선택할 수 있다. 3.2 국·탕은 조리종류에 따라 온·냉 온도로 제공할 수 있다. 3.3 국·탕은 국물과 건더기의 비율에 맞게 담아낼 수 있다. 3.4 국·탕의 종류에 따라 고명을 활용할 수 있다. 【지식】 • 고명의 종류 　　　　　　　　　　• 국물조리의 종류에 따른 그릇 선택 【기술】 • 국·탕 조리에 맞는 국물 양 조절 기술 　• 국·탕 조리에 맞는 온도로 제공하는 기술 • 그릇의 형태에 따라 조화롭게 담아내는 기술 • 용도에 맞는 식기 선택능력 【태도】 • 바른 작업태도 　　　　　　　　　• 반복훈련태도 • 식품위생법 준수태도 　　　　　　• 안전사항준수태도

고려사항

- 국·탕 조리 능력단위는 다음 범위가 포함된다.
  - 국류 : 무맑은국, 시금치토장국, 미역국, 북엇국, 콩나물국, 감자국, 아욱국, 쑥국, 오이냉국, 미역냉국, 가지냉국 등
  - 탕류 : 완자탕, 애탕, 조개탕, 홍합탕, 갈비탕, 육개장, 추어탕, 우거지탕, 감자탕, 설렁탕, 삼계탕, 머위깨탕, 비지탕 등
- 필요에 따라 양념장을 만들어 숙성하여 사용할 수 있다.
- 국·탕 조리의 전처리란 육류는 물에 담가 핏물을 제거하고, 뼈는 핏물을 제거하고 끓는 물에 데쳐내는 과정과 채소류 등을 다듬고 깨끗하게 씻는 과정을 말한다.
- 육수란 육류 또는 가금류, 뼈, 건어물, 채소류, 향신채 등을 넣고 물에 충분히 끓여내어 국물로 사용하는 재료를 말한다.
- 국을 그릇에 담을 때는 건더기와 국물의 비율이 1 : 3이 되도록 담는다.

능력단위 명칭 :	한식 찜·선조리
능력단위 정의 :	한식 찜·선 조리란 육류, 생선류, 가금류, 채소류 등에 양념을 하여 국물을 붓고 무르게 끓이거나 쪄서 형태를 유지하게 조리하는 능력이다.

능력단위요소	수행준거
1301010106_16v3.1 찜·선 재료 준비하기	1.1 찜·선의 조리종류에 따라 도구와 재료를 준비할 수 있다. 1.2 조리에 사용하는 재료를 필요량에 맞게 계량할 수 있다. 1.3 재료에 따라 요구되는 전처리를 수행할 수 있다. 1.4 찜, 선의 조리법에 따라 크기와 용도를 고려하여 재료를 썰 수 있다. 1.5 양념장 재료를 비율대로 혼합·조절하여 용도에 맞게 활용할 수 있다.

	【지식】
	• 도구의 종류 및 용도 • 재료의 전처리 • 재료의 특성 • 찜·선의 조리원리 • 재료 선별법 • 양념장의 혼합 비율 • 양념 재료의 성분과 특성
	【기술】
	• 재료 보관능력 • 재료 신선도 선별능력 • 재료 전처리 능력 • 종류와 특성에 맞게 써는 기술 • 양념장 숙성 능력 • 양념장의 혼합 비율 조절능력
	【태도】
	• 바른 작업 태도 • 반복훈련태도 • 안전사항준수태도 • 위생관리태도 • 재료준비 점검태도
1301010106_16v3.2 찜·선 조리하기	2.1 조리법에 따라 재료를 양념하여 재워둘 수 있다. 2.2 조리법에 따라 재료에 양념장과 물을 넣고 끓여 만들 수 있다. 2.3 조리법에 따라 재료에 양념을 하여 찜통에 쪄서 만들 수 있다. 2.4 조리법에 따라 재료를 볶아 만들 수 있다. 2.5 찜·선 종류와 재료에 따라 가열시간과 화력을 조절하여 재료 고유의 색, 형태를 유지할 수 있다. 2.6 찜·선에 어울리는 고명을 만들 수 있다.
	【지식】
	• 고명의 종류 • 양념의 비율 • 조리 가열시간 준수 • 재료의 특성 • 찜, 선의 형태유지 • 조리과정 중의 물리화학적 변화에 관한 조리과학적 지식
	【기술】
	• 부재료, 양념장의 첨가능력 • 육류 찜의 연육 조절 기술 • 재료 고유의 색과 형태를 유지능력 • 조리종류에 따른 국물 양 조절능력 • 찜·선의 조리기술 • 찜·선 재료의 선별능력 • 화력조절능력
	【태도】
	• 바른 작업 태도 • 조리과정을 관찰하는 태도 • 실험조리를 수행하는 과학적 태도 • 세밀한 관찰태도 • 안전관리준수태도 • 위생관리태도
1301010106_16v3.3 찜·선 담기	3.1 조리종류와 색, 형태, 인원수, 분량 등을 고려하여 그릇을 선택할 수 있다. 3.2 찜, 선의 종류에 따라 국물을 자작하게 담아낼 수 있다. 3.3 찜, 선의 종류에 따라 고명을 올릴 수 있다. 3.4 찜, 선의 종류에 따라 겨자장, 초간장 등을 곁들일 수 있다.
	【지식】
	• 조리의 종류에 따른 그릇 선택 • 조리종류의 국물 비율
	【기술】
	• 고명을 장식하는 능력 • 그릇과 조화를 고려하여 담는 능력 • 조리에 맞는 그릇 선택능력 • 겨자장, 단촛물 등을 활용하여 맛을 내는 능력
	【태도】
	• 관찰태도 • 바른 작업 태도 • 반복훈련태도 • 안전관리태도 • 위생관리태도

고려사항

- 찜·선 조리 준비 능력단위는 다음 범위가 포함된다.
  - 찜류 : 돼지갈비찜, 갈비찜, 닭찜, 우설찜, 궁중닭찜, 떡찜, 사태찜, 개성무찜, 북어찜, 도미찜, 대하찜, 달걀찜, 생선찜
  - 선류 : 호박선, 오이선, 가지선, 어선, 두부선, 무선, 배추선
  - 찜은 생선, 가금류, 육류 등에 갖은 양념과 부재료를 넣어 국물을 붓고 푹 끓이거나 찜통에 찌는 요리를 말한다.
- 돼지갈비찜, 갈비찜, 닭찜 등 육류를 이용한 찜은 고기를 손질하여 핏물을 빼고 끓는 물에 살짝 데치거나 기름에 볶아 육류의 지방과 누린내를 제거하고 조리한다.
- 선은 호박, 오이, 가지, 두부, 배추 등 식물성 식품에 칼집을 내어 소금에 절인 후 헹구어 소를 넣어 찜·선의 종류에 따라 겨자장이나 초간장을 곁들인다.
- 찜·선의 전처리란 조리재료와 방법에 따라 다듬기, 씻기, 밑간하기, 데치기, 핏물제거, 썰기 등을 말한다.

능력단위 명칭 :	한식 구이조리
능력단위 정의 :	한식 구이조리란 육류, 어패류, 채소류, 버섯류 등의 재료를 소금이나 양념장에 재워 직접, 간접 화력으로 익혀낼 수 있는 능력이다.

능력단위요소	수행준거
1301010109_16v3.1 구이 재료 준비하기	1.1 구이의 종류에 맞추어 도구와 재료를 준비할 수 있다. 1.2 조리에 사용하는 재료를 필요량에 맞게 계량할 수 있다. 1.3 재료에 따라 요구되는 전처리를 수행할 수 있다. 1.4 양념장 재료를 비율대로 혼합·조절할 수 있다. 1.5 필요에 따라 양념장을 숙성할 수 있다.
	【지식】 • 구이 재료 계량 • 재료 선별법 • 재료 특성 • 양념장의 혼합 비율 계량법 • 도구의 종류와 사용법 • 재료 전처리 • 양념 재료의 특성 • 재료에 맞는 양념선별
	【기술】 • 구이의 종류에 맞는 도구사용능력 • 전처리를 할 수 있는 능력 • 양념장을 만드는 능력 • 재료 배합비율 조절능력 • 자르기의 능력 • 재료 준비 능력 • 양념종류별 사용 능력
	【태도】 • 관찰태도 • 반복 훈련태도 • 위생관리태도 • 바른 작업 태도 • 안전사항 준수태도
1301010109_16v3.2 구이 조리하기	2.1 구이종류에 따라 유장처리나 양념을 할 수 있다. 2.2 구이종류에 따라 초벌구이를 할 수 있다. 2.3 온도와 불의 세기를 조절하여 익힐 수 있다. 2.4 구이의 색, 형태를 유지할 수 있다.
	【지식】 • 열원에 따른 직화, 간접구이법 • 재료 특성 • 구이 종류의 특성 • 조리과정 중의 물리화학적 변화에 관한 조리과학적 지식

	【기술】 • 구이 기술능력 • 도구 준비능력 • 화력 조절능력	• 구이 특성에 맞는 조리능력 • 양념 첨가하여 재우는 기술
	【태도】 • 관찰태도 • 조리과정을 관찰하는 태도 • 안전사항 준수태도	• 바른 작업 태도 • 실험조리를 수행하는 과학적 태도 • 위생관리태도
1301010109_16v3.3 구이 담기	3.1 조리종류와 색, 형태, 인원수, 분량 등을 고려하여 그릇을 선택할 수 있다. 3.2 조리한 음식을 부서지지 않게 담을 수 있다. 3.3 구이 종류에 따라 따뜻한 온도를 유지하여 담을 수 있다. 3.4 조리종류에 따라 고명으로 장식할 수 있다.	
	【지식】 • 고명종류 • 구이조리에 따른 그릇 선택	• 구이의 특성
	【기술】 • 고명을 얹어내는 능력 • 구이에 맞는 그릇 선택능력	• 그릇과 조화를 고려하여 담는 능력
	【태도】 • 관찰태도 • 반복훈련태도 • 위생관리태도	• 바른 작업 태도 • 안전사항 준수태도

고려사항

- 구이 조리 능력단위는 다음 범위가 포함된다.
  - 구이류 : 더덕구이, 생선구이, 북어구이, 오징어구이, 제육구이, 불고기, 너비아니구이, 뱅어포구이, 맥적구이, 갈비구이 등
- 구이의 전처리란 다듬기, 씻기, 수분제거, 핏물제거, 자르기를 말한다.
- 구이의 색과 형태의 유지란 부서지지 않고, 타지 않게 굽는 것을 말한다.
- 구이의 양념
  - 소금구이 : 방자구이, 생선소금구이 등
  - 간장양념구이 : 너비아니구이, 불고기, 염통구이, 콩팥구이, 소갈비구이 등
  - 고추장양념구이 : 제육구이, 북어구이, 병어고추장구이, 더덕구이 등
- 양념하여 재워두는 시간은 양념 후 30분정도가 좋으며 간을 하여 오래두면 육즙이 빠져 맛이 없고 육질이 질겨지므로 부드럽지 않은 구이가 된다.
- 유장처리는(간장과 참기름을 섞은 것) 고추장 양념을 발라 구우면 타기 쉬우므로 유장처리 하여 먼저 구워 초벌구이 할 때 사용한다.
- 구이의 따뜻한 온도는 75℃ 이상을 말한다.
- 구이의 열원
  - 직접구이 : 복사열로 석쇠나 브로일러를 사용하여 조리할 식품을 직접 불 위에 올려 굽는 방법
  - 간접구이 : 금속판에 의하여 열이 전달되는 전도열로 철판이나 프라이 팬에 기름을 두르고 지지는 것

능력단위 명칭 :	김치조리
능력단위 정의 :	김치조리란 무, 배추, 오이 등과 같은 채소를 소금이나 장류에 절여 고추, 파, 마늘, 생강 등 여러 가지 양념에 버무려 숙성시켜 저장성을 갖는 발효식품을 만드는 능력이다.

능력단위요소	수행준거
1301010111_16v3.1 김치 재료 준비하기	1.1 김치의 종류에 맞추어 도구와 재료를 준비할 수 있다. 1.2 김치에 사용하는 재료를 필요량에 맞게 계량할 수 있다. 1.3 재료에 따라 요구되는 전처리를 수행할 수 있다. 1.4 배추나 무 등의 김치재료를 적정한 시간과 염도에 맞춰 절일 수 있다. 【지식】 • 도구의 종류와 용도 • 재료선별법 • 재료성분과 특성 • 재료의 전처리 • 채소 절임의 삼투압 현상 【기술】 • 김치 종류에 따른 염도 조절 능력 • 김치 종류에 따른 주재료의 선별능력 • 도구 사용능력 • 재료 전처리능력 • 재료의 신선도 선별능력 • 재료를 썰거나 자르기 능력 【태도】 • 바른 작업태도 • 반복훈련태도 • 안전사항준수태도 • 위생관리태도 • 준비재료 점검태도
1301010111_16v3.2 김치양념 배합하기	2.1 김치종류에 따른 양념 재료를 비율대로 혼합·조절할 수 있다. 2.2 김치종류, 저장기간에 따라 양념의 비율을 조절할 수 있다. 2.3 양념을 용도에 맞게 활용할 수 있다. 【지식】 • 양념 재료성분과 특성 • 양념 혼합 비율 • 젓갈 맛의 특성 【기술】 • 김치 종류, 저장기간별 양념비율 조절능력 • 양념 종류별 사용 능력 • 젓갈 종류별 사용 능력 • 재료의 배합비율 능력 【태도】 • 관찰태도 • 바른 작업태도 • 반복훈련태도 • 안전사항 준수태도 • 위생관리태도
1301010111_16v3.3 김치 조리하기	3.1 김치의 특성에 맞도록 주재료에 부재료와 양념의 비율을 조절하여 소를 넣거나 버무릴 수 있다. 3.2 김치의 종류에 따라 국물의 양을 조절할 수 있다. 3.3 온도와 시간을 조절하여 숙성하여 보관할 수 있다. 【지식】 • 김치 담그기 방법 • 김치재료의 특성 • 숙성온도와 숙성기간 【기술】 • 김치 양념 혼합능력 • 김치숙성, 보관능력 • 배추와 양념의 비율 조절능력 • 재료선별 능력

	【태도】
	• 바른 작업 태도 • 반복 훈련태도 • 숙성단계 관찰태도 • 안전사항 준수태도 • 위생관리태도
1301010111_16v3.4 김치 담기	4.1 김치의 종류에 따라 다양한 그릇을 선택할 수 있다. 4.2 적정한 온도를 유지하도록 담을 수 있다. 4.3 김치의 종류에 따라 조화롭게 담아낼 수 있다. 【지식】 • 김치의 종류에 따라 그릇 선택 • 김치의 적정한 온도를 유지 • 김치와 그릇과 조화 【기술】 • 그릇에 맞게 조화롭게 담아내는 능력 • 김치 써는 기술 • 김치 국물을 부어내는 능력 【태도】 • 바른 작업 태도 • 반복 훈련태도 • 안전사항 준수태도 • 관찰태도 • 위생관리태도

고려사항

- 김치 담그기의 능력단위는 다음 범위가 포함된다.
  - 김치류 : 깍두기, 보쌈김치, 오이소박이, 장김치, 파김치, 열무김치, 배추김치, 백김치, 갓김치, 나박김치
- 김치의 절임은 10% 소금물에 7~8시간 절인다.
- 김치의 숙성은 실온(18~20℃)에서 2일간 두었다가 냉장온도(3~4℃)에 숙성한다.
- 김치 담그기의 전처리란 다듬기, 씻기, 절이기를 말한다.

능력단위 명칭 :	음청류 조리
능력단위 정의 :	음청류 조리란 후식 또는 기호성 식품으로서 향약재, 과일, 열매, 꽃, 잎, 곡물 등으로 화채, 식혜, 수정과, 숙수, 수단, 갈수 등을 조리할 수 있는 능력이다.

능력단위요소	수행준거
1301010112_16v3.1 음청류 재료 준비하기	1.1 음청류의 종류에 맞추어 도구와 재료를 준비할 수 있다. 1.2 조리에 사용하는 재료를 필요량에 맞게 계량할 수 있다. 1.3 재료에 따라 요구되는 전처리를 수행할 수 있다. 【지식】 • 음청류의 종류와 특성 • 재료배합의 특성 • 재료 선별법 • 재료의 용도별 전처리 • 조리도구의 종류와 용도 【기술】 • 재료 특성에 따른 정확한 계량 능력 • 재료의 선별능력 • 재료의 전처리능력 【태도】 • 관찰태도 • 바른 작업 태도 • 반복 훈련태도 • 안전사항 준수태도 • 위생관리태도

1301010112_16v3.2 음청류 조리하기	2.1 음청류의 주재료와 부재료를 배합할 수 있다. 2.2 음청류 종류에 따라 끓이거나 우려낼 수 있다. 2.3 음청류에 띄울 과일, 꽃, 보리, 떡수단, 원소병 재료 등을 조리법대로 준비할 수 있다. 2.4 끓이거나 우려낸 국물에 당도를 맞출 수 있다. 2.5 음청류의 종류에 따라 냉·온으로 보관할 수 있다.
	【지식】 • 배합비율과 혼합방법　　　　　• 음청류 조리법 • 음청류의 종류　　　　　　　　• 재료 배합 비율 • 재료의 따라 끓이는 시간　　　• 재료의 특성 • 조리과정 중의 물리화학적 변화에 관한 조리과학적 지식
	【기술】 • 당도 조절 능력　　　　　　　• 모양을 내거나 고명사용능력 • 음청류 냉·온 보관능력　　　　• 음청류의 종류에 따라 색을 내는 기술 • 재료 끓이거나 우려내는 기술　• 재료 첨가와 배합능력
	【태도】 • 관찰 태도　　　　　　　　　• 바른 작업 태도 • 반복훈련태도　　　　　　　　• 안전사항 준수태도 • 위생관리태도
1301010112_16v3.3 음청류 담기	3.1 조리종류와 색, 형태, 인원수, 분량 등을 고려하여 그릇을 선택할 수 있다. 3.2 그릇에 준비한 재료와 국물을 비율에 맞게 담을 수 있다. 3.3 음청류에 따라 고명을 사용할 수 있다.
	【지식】 • 고명의 종류　　　　　　　　• 음청류의 그릇 선택 • 찬 음료와 온 음료의 구분
	【기술】 • 고명을 얹어내는 능력　　　　• 그릇의 조화를 고려하여 담는 능력 • 음청류 냉·온 보관능력
	【태도】 • 관찰태도　　　　　　　　　• 바른 작업 태도 • 반복훈련태도　　　　　　　　• 안전사항 준수태도 • 위생관리태도

고려사항

- 음청류 조리 능력단위는 다음 범위가 포함된다.
  - 음청류 : 배숙, 수정과, 식혜, 오미자화채, 배화채, 유자화채, 진달래화채, 딸기화채, 원소병, 보리수단, 떡수단, 포도갈수, 제호탕, 봉수탕, 오과차 등
- 음청류의 전처리란 다듬고 흐르는 물에 깨끗하게 씻는 과정을 말한다.
- 차 : 차잎, 열매, 과육, 곡류 등을 말려 두었다가 물에 끓여 마시거나 뜨거운 물에 우려 마시는 감로차, 결명자차, 생강차, 계지차, 구기자차, 대추차, 두충차, 모과차, 유자차, 인삼차, 꿀차 등이 있다.
- 탕 : 향약재를 달여 만들거나, 향약재나 견과류 등의 재료를 곱게 다지거나 갈아 꿀에 재워두었다가 물에 타서 마시는 것으로 오매·사인·백단향·초과 등을 곱게 가루를 내어 꿀에 버무려 끓여 두었다가 냉수에 타서 마시는 제호탕, 잣과 호두를 곱게 다져 필요할 때 끓는 물에 타서 마시는 봉수탕 등과 생맥산, 쌍화탕, 회향탕, 자소탕 등이 있다.
- 화채 : 오미자즙, 꿀물 등에 과일이나 꽃잎 등을 띄운 것으로 진달래화채, 배화채, 유자화채, 앵두화채, 귤화채, 장미화채, 딸기화채, 복숭아화채, 수박화채, 배숙 등이 있다.

- 식혜 : 밥알을 엿기름에 삭혀서 만들며 감주, 식혜, 안동식혜, 연엽식혜 등이 있다.
- 수정과 : 생강과 계피, 설탕을 넣어 끓인 물에 곶감을 담가 먹는 수정과와 가련수정과, 잡과수정과 등이 있다.
- 수단 : 가래떡을 가늘고 짧게 잘라 꿀물에 띄운 떡수단, 햇보리를 삶아 오미자 꿀물에 띄운 보리수단, 찹쌀가루를 여러 가지 색을 들여 익반죽하여 소를 넣고 동그랗게 빚어 삶아서 꿀물에 띄운 원소병 등이 있다.
- 갈수 : 과일즙을 농축하여 한약재 가루를 섞거나 한약재와 곡물, 누룩 등을 달여 만든 것으로 오미자즙에 녹두즙과 꿀을 넣고 달여서 차게 먹는 오미갈수 외에 모과갈수, 임금갈수, 어방갈수, 포도갈수 등이 있다.
- 숙수 : 꽃이나 열매 등을 끓인 물에 담가 우려낸 음료로 밤속껍질을 곱게 갈거나 물에 넣어 끓인 후 체에 걸러 마시는 율추숙수, 자소잎을 살짝 볶아 물에 달여 마시는 자소숙수와 향화숙수, 정향숙수 등이 있다.

능력단위 명칭 :	한과조리
능력단위 정의 :	한과조리란 곡물에 꿀, 엿, 설탕 등을 넣어 반죽하여 기름에 지지거나 또는 과일, 열매 등을 조려서 유밀과, 유과, 정과, 숙실과, 강정 등을 만들 수 있는 조리능력이다.

능력단위요소	수행준거
1301010113_16v3.1 한과 재료 준비하기	1.1 한과의 종류에 맞추어 도구와 재료를 준비할 수 있다. 1.2 한과에 사용하는 재료를 필요량에 맞게 계량 할 수 있다. 1.3 재료에 따라 요구되는 전처리를 수행 할 수 있다. 【지식】 • 도구의 종류와 용도 • 재료의 전처리 • 한과의 종류 • 재료 선별법 • 재료의 종류와 특성 【기술】 • 재료 보관능력 • 재료 전처리 능력 • 종류에 따른 재료 선별능력 • 재료 자르기 능력 • 재료 특성에 따른 계량능력 【태도】 • 관찰태도 • 반복훈련태도 • 위생관리태도 • 바른 작업 태도 • 안전사항 준수태도
1301010113_16v3.2 한과 재료 배합하기	2.1 쌀가루나 밀가루에 원하는 색이 나오도록 발색 재료를 첨가·조절할 수 있다. 2.2 주재료와 부재료를 배합할 수 있다. 2.3 배합한 재료를 용도에 맞게 활용할 수 있다. 【지식】 • 발색재료의 특성 • 재료 배합 비율 • 주재료에 따른 부재료 첨가 • 재료 배합 방법 • 조리기구 및 기물사용 • 주재료와 부재료의 종류와 특성 【기술】 • 배합 재료 활용능력 • 재료 첨가와 배합능력 【태도】 • 관찰태도 • 반복훈련태도 • 위생관리태도 • 바른 작업 태도 • 안전사항 준수태도

1301010113_16v3.3 한과 조리하기	3.1 한과제조에 필요한 재료를 반죽할 수 있다. 3.2 한과의 종류에 따라 모양을 만들 수 있다. 3.3 한과의 종류에 따라 조리법을 달리하여 조리할 수 있다. 3.4 꿀이나 설탕시럽에 즙청하여 담가둔 후 꺼내거나 끼얹을 수 있다. 3.5 고명을 사용하여 장식할 수 있다.
	【지식】 • 고명의 종류　　　　　　　　　• 기름종류와 특성 • 재료의 특성　　　　　　　　　• 재료첨가에 따른 변화 • 전분의 특성　　　　　　　　　• 한과의 조리법 • 한과의 종류 • 조리과정 중의 물리화학적 변화에 관한 조리과학적 지식
	【기술】 • 과편의 전분농도 조절기술　　　• 균일한 크기와 형태조절능력 • 기름에 튀기는 한과 색상 유지능력　• 다양한 색상을 만드는 기술 • 모양을 내거나 고명 사용기술　　• 반죽과 성형기술 • 색상과 당도 조절능력 • 정과를 투명하고 윤기나게 조려내는 기술
	【태도】 • 조리과정 관찰태도　　　　　　• 바른 작업 태도 • 조리과정을 관찰하는 태도　　　• 실험조리를 수행하는 과학적 태도 • 안전사항 준수태도　　　　　　• 위생관리태도
1301010113_16v3.4 한과 담기	4.1 조리종류와 색, 형태, 인원수, 분량 등을 고려하여 그릇을 선택할 수 있다. 4.2 색과 모양의 조화를 맞춰 담아낼 수 있다. 4.3 한과 종류에 따라 보관과 저장을 할 수 있다.
	【지식】 • 저장과 보관　　　　　　　　　• 한과에 따른 그릇 선택
	【기술】 • 그릇과 조화를 고려하여 담는 능력　• 한과를 저장 보관할 수 있는 능력 • 한과 담는 그릇 선택능력
	【태도】 • 바른 작업 태도　　　　　　　• 반복훈련태도 • 안전사항 준수태도　　　　　　• 위생관리태도

고려사항

- 한과조리 능력 단위는 다음 범위가 포함된다.
  - 한과류 : 매작과, 약과, 도라지정과, 연근정과, 무정과, 호박오가리정과, 수삼정과, 사과정과, 밤초, 대추초, 조란, 율란, 강란, 다식, 깨강정, 쌀강정, 오미자편, 귤편, 포도편 등
- 한과의 전처리란 다듬기, 씻기, 불리기, 수분제거를 말한다.
- 유과 : 찹쌀가루를 반죽하여 썰어 건조시켰다가 기름에 튀긴 후 고물(깨, 흑임자, 잣, 튀밥)을 묻힌 과자이다.
- 숙실과 : 밤, 대추 등을 익혀서 꿀이나 설탕에 조린 밤초, 대추초와, 과일의 열매에서 씨를 빼고 무르게 삶아 꿀이나 설탕에 조려 다시 원래 과일 모양이나, 다른 모양으로 빚어서 계피가루나 잣가루를 묻힌 율란, 조란, 생란 등의 과자이다.
- 과편 : 과일과 전분, 설탕 등을 조려서 묵처럼 엉기게 하여 만든 과자이다. 과일로는 살구나 모과, 앵두, 귤, 버찌, 오미자 등을 쓴다. 대개는 질감이 부드럽고 단맛을 낸다.
- 엿강정 : 견과류나 곡물을 튀기거나 볶아서 물엿으로 버무려 만든 과자이다.

- 정과 : 과일이나 생강, 연근, 인삼, 당근, 도라지 따위를 꿀이나 설탕에 재거나 조려 만든 과자이다.
- 유밀과 : 밀가루나 찹쌀가루를 반죽하여 과줄판에 찍어 내거나 일정한 모양으로 빚어 기름에 튀겨 낸 다음 꿀이나 조청을 듬뿍 먹이거나 바른다. 매작과, 약과, 다식과, 타래과 등의 과자이다.
- 즙청(汁淸)이란 약과나 주악 등을 꿀이나 시럽 등에 재워두는 것을 말한다.

능력단위 명칭 :	장아찌조리
능력단위 정의 :	장아찌조리란 오이, 무, 마늘 따위의 채소를 간장이나 소금물에 담가 놓거나 된장, 고추장에 박았다가 조금씩 꺼내 양념하여 오래 두고 먹게 조리하는 능력이다.

능력단위요소	수행준거
1301010114_16v3.1 장아찌 재료 준비하기	1.1 장아찌의 종류에 맞추어 도구와 재료를 준비할 수 있다. 1.2 조리에 사용하는 재료를 필요량에 맞게 계량할 수 있다. 1.3 재료에 따라 요구되는 전처리를 수행할 수 있다. 【지식】 • 재료 선택과 계량 　　　　• 재료 선별법 • 재료의 전처리 　　　　　• 재료의 특성 【기술】 • 도구 사용 능력 　　　　　• 재료 전처리 능력 • 재료를 썰거나 자르기 능력 • 재료의 신선도 선별능력 • 장아찌 종류에 따른 주재료의 선별능력 【태도】 • 바른 작업태도 　　　　　• 반복훈련태도 • 안전사항준수태도 　　　　• 위생관리태도 • 준비재료점검태도
1301010114_16v3.2 장아찌양념 배합하기	2.1 장아찌를 만들기 위한 장류를 배합, 조절할 수 있다. 2.2 장아찌 종류에 따라 양념장을 끓일 수 있다. 2.3 만든 양념장을 용도에 맞게 활용할 수 있다. 【지식】 • 양념 재료의 특성 　　　　• 양념장의 혼합 비율 【기술】 • 양념종류별 사용 능력 　　• 재료의 배합비율 조절능력 • 재료에 따른 염도, 산도, 당도 조절능력 【태도】 • 관찰태도 　　　　　　　• 바른 작업 태도 • 반복훈련태도 　　　　　• 안전사항 준수태도 • 위생관리태도
1301010114_16v3.3 장아찌 조리하기	3.1 장아찌 종류에 따라 주재료를 적정한 시간과 염도를 맞추어 미리 절일 수 있다. 3.2 장아찌의 종류에 따라 재료에 양념장을 사용하여 첨가할 수 있다. 3.3 적정한 온도와 시간을 조절하여 숙성, 보관할 수 있다. 【지식】 • 장아찌 염도, 산도, 당도 　• 장아찌의 숙성온도와 기간 • 장아찌 조리 방법 　　　　• 재료의 특성 • 조리과정 중 일어나는 물리화확적 변화에 대한 조리과학적 지식

	【기술】	
	• 양념 배합능력	• 장아찌의 숙성 및 보관능력
	• 장아찌 절임 능력	• 재료에 따른 염도, 산도, 당도 조절능력
	【태도】	
	• 관찰태도	• 바른 작업태도
	• 조리과정을 관찰하는 태도	• 실험조리를 수행하는 과학적 태도
	• 안전사항 준수태도	• 위생관리태도
1301010114_16v3.4 장아찌 담기	4.1 조리종류와 색, 형태, 인원수, 분량 등을 고려하여 그릇을 선택할 수 있다. 4.2 장아찌와 국물의 비율을 맞춰 담아낼 수 있다. 4.3 장아찌 종류에 따라 썰어서 양념을 할 수 있다. 4.4 장아찌의 종류에 따라 고명을 활용할 수 있다.	
	【지식】	
	• 고명의 종류	• 고유의 맛과 색의 유지
	• 장아찌와 국물의 비율	• 장아찌의 종류에 따른 그릇 선택
	【기술】	
	• 고명을 얹어내는 능력	• 그릇과 조화를 고려하여 담는 능력
	• 염도를 조절하여 양념하는 능력	• 장아찌에 맞는 그릇 선택능력
	【태도】	
	• 관찰 태도	• 바른 작업 태도
	• 반복훈련태도	• 안전사항 준수태도
	• 위생관리태도	

고려사항

- 장아찌조리의 능력단위는 다음 범위가 포함된다.
  - 장아찌류 : 오이갑장과, 무갑장과, 오이장아찌, 매실장아찌, 고추장아찌, 고추잎장아찌, 가죽장아찌, 마늘장아찌, 마늘종장아찌, 더덕장아찌, 깻잎장아찌, 양파장아찌, 곰취장아찌, 무말랭이장아찌 등
- 장아찌란 제철에 흔한 채소를 간장, 고추장, 된장 등에 넣어 장기간 저장하는 식품을 말한다.
- 갑장과는 오이나 무를 사용하여 즉시 먹도록 간장으로 만든 장아찌를 말한다.
- 매실장아찌는 청 매실을 사용하고 소금물(10% 정도)에 절여서 물기를 제거한 후 씨를 빼내고 설탕으로 재워 장아찌를 만든다.
- 된장이나 고추장에 박아두는 장아찌류는 물기를 제거하고 담는다.
- 늦가을에 채취하는 들깻잎이나 고추잎 등은 강한 향을 약한 소금물에 담가 우려내고 물기를 제거하고 담아야 한다.
- 간장 물에 담는 장아찌 류는 간장을 끓여서 식혀 부어주는 과정을 3~4번 정도 해줘야 저장해서 오래두고 먹을 수 있다.
- 계절별 장아찌
  - 봄 장아찌 : 마늘종은 매운맛이 있어 생으로는 잘 먹지 않고, 간장 장아찌나 식초장아찌, 고추장 장아찌로 담가 먹는다.
  - 더덕과 도라지는 꾸덕꾸덕 말린 뒤 된장이나 고추장에 넣어야 물이 생기지 않는다.
  - 죽순은 간장에 절여 장아찌로 담가 두었다가 짭조름하면서 아삭한 맛은 입맛을 돋구어준다.
  - 여름장아찌 : 깻잎이나 참외, 오이, 가지, 호박 등이 적당하다.
  - 깻잎은 향이 너무 센 것은 간장이나 된장에 넣어 잎을 연하게 삭힌 뒤 먹는다.
  - 오이간장장아찌나 애호박된장장아찌는 입맛없는 여름철, 물 말은 밥에 잘 어울린다.
  - 양파장아찌는 피클처럼 상큼한 맛이 일품이라 고기요리에 잘 어울린다.
  - 참외는 소금에 절이거나 된장에 박아 짭조름한 장아찌로 만든다.
  - 수박은 단단한 껍질을 도려내고, 말려 장에 넣어 한참을 두었다가 먹는다.
  - 가을장아찌 : 콩잎이나, 매운 풋고추 등 잎새가 억세지는 채소가 주재료가 된다.
  - 감 장아찌는 된장이나 고추장에 박아 두었다가 먹는데 담백한 맛이 일품이다.
  - 가을철 햇 생강을 소금, 식초 물에 절여 만든 생강 초절이는 생선요리에 곁들이면 잘 어울린다.

- 주로 묵은 장을 장아찌용으로 쓴다.
• 겨울장아찌 : 무와 배추로 담그는 장아찌로 김장할 때 넉넉하게 만들어 봄에 장아찌를 담기도 한다.
  - 늦가을에 볕에 말린 무 오가리로 김장 담그듯이 담가 장아찌를 먹는 골곰 짠지가 있다.

능력단위 명칭 :	한식 밥조리
능력단위 정의 :	한식 밥조리는 쌀을 주재료로 하거나 혹은 다른 곡류나 견과류, 육류, 채소류, 어패류 등을 섞어 물을 붓고 불의 강약을 조절하여 호화되게 조리하는 능력이다.

능력단위요소	수 행 준 거
1301010121_16v3.1 밥 재료 준비하기	1.1 쌀과 잡곡의 비율을 필요량에 맞게 계량할 수 있다. 1.2 쌀과 잡곡을 씻고 용도에 맞게 불리기를 할 수 있다. 1.3 부재료는 조리법에 맞게 손질할 수 있다. 1.4 돌솥, 압력솥 등 사용할 도구를 선택하고 준비할 수 있다. 【지식】 • 곡류의 종류와 특성 • 도구의 종류와 용도 • 밥 종류 • 재료의 전처리 • 전분의 호화상태 판별 • 재료 선별법 【기술】 • 곡류의 종류에 따른 수침시간 조절능력 • 재료 보관능력 • 재료 전처리능력 • 쌀 등의 잡곡 선별능력 【태도】 • 바른 작업태도 • 반복훈련태도 • 안전사항준수태도 • 위생관리태도 • 재료 점검태도
1301010121_16v3.2 밥 조리하기	2.1 밥의 종류와 형태에 따라 조리시간과 방법을 조절할 수 있다. 2.2 조리 도구, 조리법과 쌀, 잡곡의 재료특성에 따라 물의 양을 가감할 수 있다. 2.3 조리도구와 조리법에 맞도록 화력조절, 가열시간 조절, 뜸들이기를 할 수 있다. 【지식】 • 가열시간과 화력의 조절 • 밥 조리기구의 특성 • 밥의 종류에 따른 조리법 • 전분의 호화특성에 따른 물의 비율 • 조리과정 중 일어나는 물리화학적 변화에 관한 조리과학적 지식 【기술】 • 부재료를 첨가하는 기술 • 가열시간과 화력의 조절능력 • 재료의 특성과 상태에 따른 조절능력 • 저장·보관능력 • 재료의 특성에 따른 썰기 능력 【태도】 • 바른 작업태도 • 조리과정을 관찰하는 태도 • 실험조리를 수행하는 과학적 태도 • 위생관리태도 • 조리도구 정리태도 • 조리도구 청결관리태도 • 기구 안전관리태도
1301010121_16v3.3 밥 담기	3.1 조리종류와 색, 형태, 인원수, 분량 등을 고려하여 그릇을 선택할 수 있다. 3.2 밥을 따뜻하게 담아 낼 수 있다. 3.3 조리종류에 따라 나물 등 부재료와 고명을 얹거나 양념장을 곁들일 수 있다.

【지식】
- 고명의 종류
- 조리종류 따른 그릇 선택
- 양념장의 종류

【기술】
- 그릇과 조화를 고려하여 담는 능력
- 조리에 맞는 그릇 선택 능력
- 부재료와 고명을 얹어내는 능력

【태도】
- 관찰태도
- 안전관리태도
- 반복훈련태도
- 바른 작업태도
- 위생관리태도

고려사항

- 한식 밥조리 능력단위는 다음 범위가 포함된다.
  – 밥 류 : 흰밥, 현미밥, 잡곡밥, 오곡밥, 영양밥, 굴밥, 콩나물밥, 비빔밥, 무밥, 김치밥, 곤드레밥 등
- 밥조리 하기 : 콩나물밥, 곤드레밥 등은 부재료를 첨가하여 밥을 짓고, 비빔밥은 부재료를 조리법대로 무치거나 볶아서 밥 위에 색을 맞춰 담는다.
- 밥의 종류에 따라 간장 혹은 고추장 양념장을 곁들인다.
- 호화란 전분에 물을 넣고 가열하면 팽윤하고 점성도가 증가하여 전체가 반투명인 거의 균일한 콜로이드 물질이 되는 현상(예. 쌀에 물을 붓고 가열하여 밥과 죽이 되는 현상)을 말한다.
- 전처리란 마른 재료의 경우 불리거나 데치거나 삶아서 다듬는 것을 말하고, 해산물일 경우 소금물에 담가 해감시키고, 육류일 경우 지방과 힘줄을 제거하고 키친타올이나 면보에 싸서 핏물을 제거하는 것을 말하며, 채소일 경우 다듬고 씻어 써는 것을 말한다.
- 밥 짓는 과정 : 쌀을 씻어 상온(20℃ 정도)에서 최소 30분 정도 담가두었다가 밥을 지으면 물과 열이 골고루 전달되어 전분 호화가 빨리 일어나 맛있는 밥이 된다.
- 밥 뒤적이기 : 다 지어진 밥을 그대로 방치하면 솥이 식어 물방울이 생기고 밥의 중량으로 밥알이 눌려지므로 뜸 들이기 완료 즉시 주걱으로 위아래를 가볍게 뒤섞어 준다.

능력단위 명칭 :	한식 죽조리
능력단위 정의 :	한식 죽조리는 곡류 단독으로 또는 곡류와 견과류, 채소류, 육류, 어패류 등을 함께 섞어 물을 붓고 불의 강약을 조절하여 호화되게 조리하는 능력이다.

능 력 단 위 요 소	수 행 준 거
1301010122_16v3.1 죽 재료 준비하기	1.1 사용할 도구를 선택하고 준비할 수 있다. 1.2 쌀 등 곡류와 부재료를 필요량에 맞게 계량할 수 있다. 1.3 곡류를 용도에 맞게 불리기를 할 수 있다. 1.4 조리법에 따라서 쌀 등 재료를 갈거나 분쇄할 수 있다. 1.5 부재료는 조리법에 맞게 손질할 수 있다.
	【지식】 • 곡류의 종류와 특성 　　　• 도구의 종류와 용도 • 죽 종류 　　　　　　　　• 재료의 전처리 • 전분의 호화상태 판별 　　• 재료 선별법

	【기술】 • 곡류의 종류에 따른 수침시간 조절능력　• 조리 종류에 따른 입자별 곡류 분쇄능력 • 재료 보관능력　• 재료 전처리능력 • 쌀 등의 곡류 선별능력
	【태도】 • 바른 작업태도　• 반복훈련태도 • 안전사항준수태도　• 위생관리태도 • 식재료품질 점검태도
1301010122_16v3.2 죽 조리하기	2.1 죽의 종류와 형태에 따라 조리시간과 방법을 조절할 수 있다. 2.2 조리도구, 조리법, 쌀과 잡곡의 재료특성에 따라 물의 양을 가감할 수 있다. 2.3 조리도구와 조리법, 재료특성에 따라 화력과 가열시간을 조절할 수 있다.
	【지식】 • 가열 시간과 화력의 조절 • 죽 조리기물 특성 • 죽의 종류에 따른 조리법 • 조리과정 중 일어나는 물리화학적 변화에 관한 조리과학적 지식 • 전분의 호화특성에 따른 물의 비율
	【기술】 • 부재료를 첨가하여 볶는 기술　• 화력의 조절능력 • 재료의 특성과 상태에 따른 조리 조절능력　• 저장·보관·썰기 능력 • 재료의 특성에 따라 갈거나 썰기능력　• 죽 호화정도 조절 및 간을 맞추는 능력 • 죽 고유의 맛을 내는 능력
	【태도】 • 바른 작업태도　• 조리과정을 관찰하는 태도 • 실험조리를 수행하는 과학적 태도　• 위생관리태도 • 조리도구 정리태도　• 조리도구 청결관리태도 • 기구 안전관리태도
1301010122_16v3.3 죽 담기	3.1 조리종류와 색, 형태, 인원수, 분량 등을 고려하여 그릇을 선택할 수 있다. 3.2 죽을 따뜻하게 담아 낼 수 있다. 3.3 조리종류에 따라 고명을 올릴 수 있다.
	【지식】 • 고명의 종류　• 그릇의 종류 • 조리종류 따른 그릇 선택
	【기술】 • 그릇과의 조화를 고려하여 담는 능력　• 고명을 얹어내는 능력 • 조리에 맞는 그릇 선택능력
	【태도】 • 관찰태도　• 바른 작업 태도 • 안전관리태도　• 위생 관리태도 • 반복훈련태도

고려사항

- 한식 죽조리 능력단위는 다음 범위가 포함된다.
  - 죽 류 : 장국죽, 호박죽, 닭죽, 전복죽, 녹두죽, 팥죽, 콩죽, 아욱죽, 방풍죽, 잣죽, 채소죽, 깨죽, 흑임자죽 등
- 죽조리 하기 : 부재료를 볶거나 첨가하여 죽을 끓일 수 있다.

- 호화란 전분에 물을 넣고 가열하면 팽윤하고 점성도가 증가하여 전체가 반투명인 거의 균일한 콜로이드 물질이 되는 현상(예. 쌀에 물을 붓고 가열하여 밥과 죽이 되는 현상)
- 전처리란 마른 재료의 경우 불리거나 데치거나 삶아서 다듬는 것을 말하고, 해산물일 경우 소금물에 담가 해감시키고, 육류일 경우 지방과 힘줄을 제거하고 키친타올이나 면보에 핏물을 제거하는 것을 말하며, 채소일 경우 다듬고 씻어서 써는 것을 말한다.

능력단위 명칭 :	한식 찌개조리
능력단위 정의 :	한식 찌개조리란 육수나 국물에 장류나 젓갈로 간을 하고 육류, 채소류, 버섯류, 해산물류를 용도에 맞게 썰어 넣어 함께 끓여내는 조리능력이다.

능력단위요소	수행준거
1301010123_16v3.1 찌개 재료 준비하기	1.1 조리종류에 따라 도구와 재료를 준비할 수 있다. 1.2 조리에 사용하는 재료를 필요량에 맞게 계량할 수 있다. 1.3 재료에 따라 요구되는 전처리를 수행할 수 있다. 1.4 찬물에 육수 재료를 넣고 서서히 끓일 수 있다. 1.5 끓이는 중 부유물과 기름이 떠오르면 걷어내어 제거할 수 있다. 1.6 조리종류에 따라 끓이는 시간과 불의 강도를 조절할 수 있다.
	【지식】 • 국물·육수종류 • 재료 선별법 • 재료특성의 조리원리 • 찌개, 전골의 종류와 특성 • 육수의 관능평가 • 조리기구사용법 • 끓이는 시간과 불의 세기 • 양념과 부재료의 성분과 특성 • 재료의 전처리 • 조리도구 종류와 용도 • 육수 만드는 방법 • 육수의 종류 • 조미료, 향신료의 종류와 특성
	【기술】 • 국물, 육수, 종류에 따른 주재료 선별능력 • 재료 전처리 능력 • 부유물과 기름을 제거하여 육수 끓이는 능력 • 육수를 냉각하여 보관하는 능력 • 뼈, 육류, 어패류로 육수 끓이는 기술 • 재료 신선도 선별능력 • 저장, 보관능력 • 불의 세기 조절능력 • 육수의 상태 판별능력
	【태도】 • 바른 작업태도 • 안전사항 준수태도 • 재료점검태도 • 반복훈련태도 • 위생관리태도 • 끓이는 과정 육수 상태 관찰 태도
1301010123_16v3.2 찌개 조리하기	2.1 채소류 중 단단한 재료는 데치거나 삶아서 사용할 수 있다. 2.2 조리법에 따라 재료는 양념하여 밑간할 수 있다. 2.3 육수에 재료와 양념을 첨가 시점을 조절하여 넣고 끓일 수 있다.
	【지식】 • 양념 활용법 • 재료종류와 특성 • 조리과정 중의 물리화학적 변화에 관한 조리과학적 지식 • 재료 활용법 • 찌개의 종류 및 특성

	【기술】 • 재료의 종류와 특성에 맞게 조리능력 • 찌개조리 특성에 맞는 국물의 양 조절능력 • 화력조절능력	
	【태도】 • 바른 작업태도 • 실험조리를 수행하는 과학적 태도 • 위생관리태도	• 조리과정을 관찰하는 태도 • 안전관리태도 • 준비재료 점검태도
1301010123_16v3.3 찌개 담기	3.1 조리종류와 색, 형태, 인원수, 분량 등을 고려하여 그릇을 선택할 수 있다. 3.2 조리 특성에 맞게 건더기와 국물의 양을 조절할 수 있다. 3.3 온도를 뜨겁게 유지하여 제공할 수 있다.	
	【지식】 • 재료를 조화롭게 담는 방법	• 찌개조리 그릇 선택
	【기술】 • 국물의 양 조절 능력 • 찌개조리 특성에 맞는 온도조절 능력	• 그릇을 고려하여 담는 능력 • 조리종류에 맞는 그릇 선택능력
	【태도】 • 관찰태도 • 안전관리태도 • 반복훈련태도	• 바른 작업 태도 • 위생관리태도

고려사항

- 찌개조리 능력단위는 다음 범위가 포함된다.
  - 찌개류
    맑은 찌개류 : 두부젓국찌개, 명란젓국찌개, 호박젓국찌개
    탁한 찌개류 : 된장찌개, 생선찌개, 순두부찌개, 청국장찌개, 두부고추장찌개, 호박감정, 오이감정, 게감정 등
- 감정이란 고추장으로 조미하여 끓인 찌개의 한 종류이며 찌개와 비슷한 말로 궁중용어인 조치, 국물이 찌개보다 적은 지짐이가 있다.
- 찌개 조리의 전처리란 맑은 육수를 만들기 위해 사전에 육류를 물에 담가 핏물을 제거하고, 뼈는 핏물을 제거하고 끓는 물에 데쳐내는 과정과 채소류를 깨끗하게 다듬고 씻는 것을 말한다.
- 육수는 소고기를 주로 사용하고 닭고기, 어패류, 버섯류, 채소류, 다시마 등을 사용하며 끓일 때 향신채(파, 마늘, 생강, 통후추)와 함께 끓인다.
- 조개류로 육수를 만들 때는 소금물에 해감을 제거한 후 약한 불로 단시간에 끓여낸다.
- 멸치로 육수를 낼 때는 내장을 제거하고 15분 정도 끓인다.
- 찌개를 그릇에 담을 때는 건더기를 국물보다 많이 담는다.
- 찌개 종류에 따라 상 위에서 끓이도록 그릇에 담아 그대로 제공하거나 끓여서 제공한다.

능력단위 명칭 :	한식 전골조리
능력단위 정의 :	한식 전골조리란 육류, 채소류, 버섯류, 해산물류를 용도에 맞게 썰어 양념한 뒤 건더기가 잠길 정도로 육수나 국물을 부어 함께 끓여내는 조리능력이다.

능력단위요소	수행준거
1301010124_16v3.1 전골 재료 준비하기	1.1 조리 종류에 따라 도구와 재료를 준비할 수 있다. 1.2 조리에 사용하는 재료를 필요량에 맞게 계량 할 수 있다. 1.3 재료에 따라 요구되는 전처리를 수행 할 수 있다. 1.4 찬물에 육수 재료를 넣고 부유물을 제거하며 육수를 끓일 수 있다. 1.5 사용시점에 맞춰 냉·온으로 보관할 수 있다.
	【지식】 • 국물·육수종류 • 재료 선별법 • 재료특성의 조리원리 • 전골의 종류와 특성 • 육수의 관능평가 • 조리기구사용법 • 끓이는 시간과 불의 세기 • 양념과 부재료의 성분과 특성 • 재료의 전처리 • 조리도구 종류와 용도 • 육수 만드는 방법 • 육수의 종류 • 조미료, 향신료의 종류와 특성
	【기술】 • 국물, 육수, 종류에 따른 주재료 선별능력 • 재료 전처리 능력 • 부유물과 기름을 제거하여 육수 끓이는 능력 • 육수를 냉각하여 보관하는 능력 • 뼈, 육류, 어패류로 육수 끓이는 기술 • 재료 신선도 선별능력 • 저장, 보관능력 • 끓이는 시간과 불의 세기 조절능력 • 육수의 상태 판별능력
	【태도】 • 바른 작업 태도 • 안전사항 준수태도 • 재료점검태도 • 반복훈련태도 • 위생관리태도 • 끓이는 과정 육수 상태 관찰 태도
1301010124_16v3.2 전골 조리하기	2.1 채소류 중 단단한 재료는 데치거나 삶아서 사용할 수 있다. 2.2 조리법에 따라 재료는 전을 부치거나 양념하여 밑간할 수 있다. 2.3 전처리한 재료를 그릇에 가지런히 담을 수 있다. 2.4 전골 양념장과 육수는 필요량에 따라 조절할 수 있다.
	【지식】 • 양념 활용법 • 재료종류와 특성 • 조리과정 중의 물리화학적 변화에 관한 조리과학적 지식 • 재료 활용법 • 전골의 종류 및 특성
	【기술】 • 재료의 종류와 특성에 따른 조리능력 • 전골조리 특성에 맞는 국물의 양 조절능력 • 화력조절능력
	【태도】 • 바른 작업태도 • 실험조리를 수행하는 과학적 태도 • 위생관리태도 • 조리과정을 관찰하는 태도 • 안전관리태도 • 준비재료 점검태도
1301010124_16v3.3 전골 담기	3.1 조리종류와 색, 형태, 인원수, 분량 등을 고려하여 그릇을 선택할 수 있다. 3.2 조리 특성에 맞게 건더기와 국물의 양을 조절할 수 있다. 3.3 온도를 뜨겁게 유지하여 제공할 수 있다.

【지식】
- 고명의 종류
- 전골 그릇 선택
- 재료를 조화롭게 담는 방법

【기술】
- 국물의 양 조절 능력
- 전골조리 특성에 맞는 온도조절 능력
- 그릇을 고려하여 담는 능력
- 조리종류에 맞는 그릇 선택능력

【태도】
- 관찰태도
- 안전관리태도
- 반복훈련태도
- 바른 작업태도
- 위생관리태도

고려사항

- 전골조리 능력단위는 다음 범위가 포함된다.
  - 전골류 : 두부전골, 소고기전골, 버섯전골, 도미면, 낙지전골, 신선로, 해물신선로 등
- 전골조리의 전처리란 맑은 육수를 만들기 위해 사전에 육류를 물에 담가 핏물을 제거하고, 뼈는 핏물을 제거하고 끓는 물에 데쳐내는 과정과 채소류를 깨끗하게 다듬고 씻는 것을 말한다.
- 육수는 소고기를 주로 사용하고 닭고기, 어패류, 버섯류, 채소류, 다시마 등을 사용하며 끓일 때 향신채(파, 마늘, 생강, 통후추)와 함께 끓인다.
- 조개류로 육수를 만들 때는 소금물에 해감을 제거한 후 약 불로 단시간에 끓여낸다.
- 멸치로 육수를 낼 때는 내장을 제거하고 15분 정도 끓인다.
- 전골을 그릇에 담을 때는 건더기를 국물보다 많이 담는다.
- 전골 종류에 따라 상 위에서 끓이도록 그릇에 담아 그대로 제공하거나 끓여서 제공한다.

능력단위 명칭 :	한식 조림·초조리
능력단위 정의 :	한식 조림·초조리란 육류, 어패류, 채소류 등에 간장양념물을 넣어 국물이 거의 없도록 조림 조리를 할 수 있는 능력이다.

능력단위요소	수 행 준 거
1301010125_16v3.1 조림·초 재료 준비하기	1.1 조림·초조리에 따라 도구와 재료를 준비할 수 있다. 1.2 조리에 사용하는 재료를 필요량에 맞게 계량할 수 있다. 1.3 조림·초 조리의 재료에 따라 전처리를 수행할 수 있다. 1.4 양념장 재료를 비율대로 혼합·조절할 수 있다. 1.5 필요에 따라 양념장을 숙성할 수 있다. 【지식】 • 도구의 종류와 용도 사용법 • 재료의 성분과 특성 • 재료 선별법 • 양념장의 혼합 비율 • 재료의 계량법 • 재료의 전처리 • 숙성온도와 시간 • 양념 재료 특성 【기술】 • 재료 전처리 능력 • 재료신선도 선별능력 • 양념장의 혼합 비율 조절능력 • 재료선별 능력 • 재료보관능력 • 조리특성에 맞게 써는 능력 • 종류별 양념 사용 능력

	【태도】• 바른 작업태도• 안전사항 준수태도	• 반복훈련태도• 위생관리태도
1301010125_16v3.2조림·초 조리하기	2.1 조리종류에 따라 준비한 도구에 재료를 넣고 양념장에 조릴 수 있다.2.2 재료와 양념장의 비율, 첨가 시점을 조절할 수 있다.2.3 재료가 눌어붙거나 모양이 흐트러지지 않게 화력을 조절하여 익힐 수 있다.2.4 조리종류에 따라 국물의 양을 조절할 수 있다.	
	【지식】• 재료의 특성• 조리법에 따른 형태 변화• 조리과정 중의 물리화학적 변화에 관한 조리과학적 지식	• 조리가열시간• 조림·초 조리법
	【기술】• 조리에 따른 재료선별능력• 조리종류에 따라 양념 양 조절능력• 화력조절능력	• 조리종류별 양념 사용 능력• 조림, 초 조리기술
	【태도】• 관찰태도• 조리과정을 관찰하는 태도• 안전사항 준수태도	• 바른 작업태도• 실험조리를 수행하는 과학적 태도• 위생관리태도
1301010125_16v3.3조림·초 담기	3.1 조리종류와 색, 형태, 인원수, 분량 등을 고려하여 그릇을 선택할 수 있다.3.2 조리종류에 따라 국물 양을 조절하여 담아낼 수 있다.3.3 조림, 초, 조리에 따라 고명을 얹어 낼 수 있다.	
	【지식】• 고명종류• 조리종류에 따른 그릇 선택	• 조리종류의 국물비율
	【기술】• 고명을 얹어내는 능력• 조리종류에 따라 국물을 담는 능력	• 그릇과 조화를 고려하여 담는 능력• 조리에 맞는 식기 선택능력
	【태도】• 관찰태도• 반복훈련태도• 위생관리태도	• 바른 작업태도• 안전사항 준수태도

고려사항

- 조림·초 능력단위는 다음 범위가 포함된다.
  - 조림류 : 두부조림, 생선조림, 감자조림, 연근조림, 우엉조림, 호두조림, 소고기장조림, 돼지고기장조림, 꽈리고추조림, 콩조림 등
  - 초류 : 홍합초, 전복초, 삼합초 등
- 조림·초의 전처리란 재료의 특성에 따라 다듬기, 씻기, 썰기를 말한다.
- 조림의 종류는 수조육류와 어패류조림, 채소조림 등이 있으며 양념장과 함께 조려낸 것이다.
- 조림·초의 양념장은 간장양념장이 있다.
- 조림·초 능력단위는 다음과 같은 작업상황이 필요하다.
- 조림국물은 재료가 잠길 만큼 충분하게 부어 조린 후 타지 않게 약한 불로 조려야 한다.
- 소고기 장조림은 고기를 먼저 무르게 삶아 양념장을 넣고 조려야 간도 잘 배고 육즙과 어우러져 국물 맛이 좋으며 고기

도 연하다.(양념장을 처음부터 고기와 함께 넣고 삶으면 육즙이 빠져 고기가 질겨진다)
• 초는 해삼, 전복, 홍합 등의 재료를 간장양념을 넣고 약한 불에서 끓이다가 조림보다 간이 약하고 달게 하며 조림국물이 거의 없게 졸이다가 윤기 나게 조려내는 음식이다. 필요에 따라 마지막에 전분 물을 넣어 걸쭉하고 윤기 나게 만들기도 한다.

능력단위 명칭 :	한식 볶음조리
능력단위 정의 :	한식 볶음조리란 육류, 어패류, 채소류 등에 간장이나 고추장 양념을 넣어 재료에 맛이 충분히 배이도록 볶음조리를 할 수 있는 능력이다.

능력단위요소	수행준거
1301010126_16v3.1 볶음 재료 준비하기	1.1 볶음조리에 따라 도구와 재료를 준비할 수 있다. 1.2 조리에 사용하는 재료를 필요량에 맞게 계량할 수 있다. 1.3 볶음조리의 재료에 따라 전처리를 수행할 수 있다. 1.4 양념장 재료를 비율대로 혼합·조절하여 만들 수 있다. 1.5 필요에 따라 양념장을 숙성할 수 있다. 【지식】 • 도구의 종류와 용도 사용법 • 재료의 성분과 특성 • 재료 선별법 • 양념장의 혼합 비율 • 재료의 계량법 • 재료의 전처리 • 숙성온도와 시간 • 양념 재료 특성 【기술】 • 재료 전처리 능력 • 재료신선도 선별능력 • 양념장의 혼합 비율 조절능력 • 재료선별 능력 • 재료보관능력 • 조리특성에 맞게 써는 능력 • 종류별 양념 사용 능력 【태도】 • 바른 작업 태도 • 안전사항 준수태도 • 재료준비점검태도 • 반복훈련태도 • 위생관리태도
1301010126_16v3.2 볶음 조리하기	2.1 조리종류에 따라 준비한 도구에 재료와 양념장을 넣어 기름으로 볶을 수 있다. 2.2 재료와 양념장의 비율, 첨가 시점을 조절할 수 있다. 2.3 재료가 눌어붙거나 모양이 흐트러지지 않게 화력을 조절하여 익힐 수 있다. 【지식】 • 재료의 특성 • 조리법에 따른 형태 변화 • 조리과정 중의 물리화학적 변화에 관한 조리과학적 지식 • 조리가열시간 • 볶음 조리법 【기술】 • 조리종류별 양념 사용 능력 • 볶음조리기술 • 조리종류에 따라 양념 사용량 조절능력 • 화력조절능력 【태도】 • 관찰태도 • 조리과정을 관찰하는 태도 • 안전사항 준수태도 • 바른 작업 태도 • 실험조리를 수행하는 과학적 태도 • 위생관리태도

	3.1 조리종류와 색, 형태, 인원수, 분량 등을 고려하여 그릇을 선택할 수 있다.
1301010126_16v3.3 볶음 담기	3.2 그릇형태에 따라 조화롭게 담아낼 수 있다. 3.3 볶음조리에 따라 고명을 얹어 낼 수 있다.
	【지식】 • 고명종류 　　　　　　　　　　• 조리종류의 국물비율 • 조리종류에 따라 그릇 선택
	【기술】 • 고명을 얹어내는 능력　　　　　• 그릇과 조화를 고려하여 담는 능력 • 조리종류에 따라 국물을 담는 능력　• 조리에 맞는 식기 선택능력
	【태도】 • 관찰태도　　　　　　　　　　• 바른 작업태도 • 반복훈련태도　　　　　　　　• 안전사항 준수태도 • 위생관리태도

고려사항

- 볶음 능력단위는 다음 범위가 포함된다.
  - 볶음류 : 제육볶음, 소고기볶음, 오징어볶음, 주꾸미볶음, 낙지볶음, 버섯볶음, 미역줄기볶음, 궁중떡볶이, 멸치볶음, 마른새우볶음, 어묵볶음 등
- 볶음의 전처리란 재료의 특성에 따라 다듬기, 씻기, 썰기를 말한다.
- 볶음의 양념장은 간장양념장과 고추장 양념장이 있다.

능력단위 명칭 :	한식 전 ·적조리
능력단위 정의 :	한식 전·적 조리란 육류, 어패류, 채소류 등의 재료를 익기 쉽게 썰고 그대로 혹은 꼬치에 꿰어서 밀가루와 달걀물을 입힌 후 기름을 두르고 지져내는 능력이다.

능 력 단 위 요 소	수 행 준 거
1301010127_16v3.1 전·적 재료 준비하기	1.1 전·적의 조리종류에 따라 도구와 재료를 준비할 수 있다. 1.2 조리에 사용하는 재료를 필요량에 맞게 계량할 수 있다. 1.3 전·적의 종류에 따라 재료를 전처리하여 준비할 수 있다.
	【지식】 • 기름 종류와 특성　　　　　　• 도구종류와 사용법 • 식재료 성분과 특성　　　　　• 재료 선별법 • 재료 전처리 방법
	【기술】 • 밑간양념을 조절하는 능력　　• 신선도 선별 능력 • 조리종류에 따른 썰기 능력
	【태도】 • 관찰태도　　　　　　　　　　• 바른 작업 태도 • 반복 훈련태도　　　　　　　• 안전사항 준수태도 • 위생관리 태도

1301010127_16v3.2 전·적 조리하기	2.1 밀가루, 달걀 등의 재료를 섞어 반죽 물 농도를 맞출 수 있다. 2.2 조리의 종류에 따라 속 재료 및 혼합재료 등을 만들 수 있다. 2.3 주재료에 따라 소를 채우거나 꼬치를 활용하여 전·적의 형태를 만들 수 있다. 2.4 재료와 조리법에 따라 기름의 종류·양과 온도를 조절하여 지져낼 수 있다. 【지식】 • 기름의 종류·특성 • 이미, 이취 제거방법 • 조리과정 중의 물리화학적 변화에 관한 조리과학적 지식 • 밀가루의 특성 • 재료의 특성에 따른 적정온도 【기술】 • 기물, 기기 이용능력 • 풍미 있게 지져 내는 능력 • 재료특성에 따른 조리능력 【태도】 • 관찰태도 • 조리과정을 관찰하는 태도 • 안전사항 준수태도 • 바른 작업 태도 • 실험조리를 수행하는 과학적 태도 • 위생관리 태도
1301010127_16v3.3 전·적 담기	3.1 조리종류와 색, 형태, 인원수, 분량 등을 고려하여 그릇을 선택할 수 있다. 3.2 전·적의 조리는 기름을 제거하여 담아낼 수 있다. 3.3 전·적조리를 따뜻한 온도, 색, 풍미를 유지하여 담아낼 수 있다. 【지식】 • 음식의 온도유지 • 조화롭게 담기 • 조리종류에 맞는 그릇선택 【기술】 • 그릇과 조화를 고려하여 담는 능력 • 조리에 맞는 그릇 선택능력 【태도】 • 관찰태도 • 반복훈련태도 • 위생관리태도 • 바른 작업 태도 • 안전사항 준수태도

고려사항

- 전, 적, 능력단위는 다음 범위가 포함된다.
  - 전류 : 생선전, 육원전, 호박전, 표고버섯전, 깻잎전, 파전, 묵전, 녹두전, 장떡, 메밀전병 등
  - 적류 : 섭산적, 화양적, 지짐누름적, 김치적, 두릅산적, 파산적, 떡산적, 사슬적 등
- 적(炙)은 고기를 비롯한 재료를 꼬치에 꿰어서 불에 구워 조리하는 것을 말하며 석쇠로 굽는 직화구이와 팬에 굽는 간접구이로 구분한다.
- 전·적에 사용하는 기름은 옥수수유, 대두유, 포도씨유, 카놀라유 등 발연점이 높은 기름을 사용한다.
- 한번 사용한 기름은 산화되기 쉬우므로 이물질을 제거하여 적합하게 폐유 처리해야 하며 하수구로 흘려보내서는 안 된다.
- 전·적의 전처리란 다듬기, 씻기, 자르기, 수분 제거하기를 말한다.
- 전의 속 재료는 두부, 육류, 해산물을 다지거나 으깨서 양념한 것을 말한다.
- 전·적을 따뜻하게 제공하는 온도는 70℃ 이상 이다.
- 전·적은 초간장을 곁들여 낸다.

능력단위 명칭 :	한식 튀김조리
능력단위 정의 :	한식 튀김조리란 육류, 어패류, 채소류 등의 재료를 밀가루 등의 반죽옷을 입혀 기름에 튀겨 조리하는 능력이다.

능력단위요소	수행준거
1301010128_16v3.1 튀김 재료 준비하기	1.1 튀김 조리종류에 따라 도구와 재료를 준비할 수 있다. 1.2 조리에 사용하는 재료를 필요량에 맞게 계량할 수 있다. 1.3 튀김의 종류에 맞추어 재료를 전처리하여 준비할 수 있다. 【지식】 • 기름 종류와 특성　　　　• 도구종류와 사용법 • 재료 성분과 특성　　　　• 재료 선별법 • 재료 전처리 【기술】 • 밑간양념을 조절하는 능력　　• 신선도 선별 능력 • 저장, 자르기 능력　　　　• 튀김재료 수분 제거능력 【태도】 • 관찰태도　　　　　　　　• 바른 작업 태도 • 반복 훈련태도　　　　　　• 안전사항 준수태도 • 위생관리 태도
1301010128_16v3.2 튀김 조리하기	2.1 밀가루, 달걀 등의 재료를 섞어 반죽옷 농도를 맞출 수 있다. 2.2 조리의 종류에 따라 속 재료 및 혼합재료 등을 만들 수 있다. 2.3 재료와 조리법에 따라 기름의 종류·양과 온도를 조절하여 튀길 수 있다. 【지식】 • 기름의 종류·특성　　　　• 밀가루의 특성 • 이미, 이취 제거방법　　　• 재료의 특성에 따른 적정온도 • 튀김기기를 다루는 방법 • 조리과정 중의 물리화학적 변화에 관한 조리과학적 지식 【기술】 • 기물, 기기 이용능력　　　• 반죽농도 맞추는 능력 • 재료에 따른 기름온도의 조절능력　• 재료특성에 따른 조리능력 • 풍미 있게 지지거나 바삭하게 튀겨내는 능력 【태도】 • 관찰태도　　　　　　　　• 바른 작업 태도 • 조리과정을 관찰하는 태도　• 실험조리를 수행하는 과학적 태도 • 안전사항 준수태도　　　　• 위생관리 태도
1301010128_16v3.3 튀김 담기	3.1 조리종류와 색, 형태, 인원수, 분량 등을 고려하여 그릇을 선택할 수 있다. 3.2 튀김은 기름을 제거하여 담아낼 수 있다. 3.3 튀김 조리를 따뜻한 온도, 색, 풍미를 유지하여 담아낼 수 있다. 【지식】 • 음식의 온도유지　　　　　• 조리종류에 맞는 그릇선택 • 조화롭게 담기 【기술】 • 그릇과 조화를 고려하여 담는 능력　• 조리에 맞는 그릇 선택능력

【태도】
- 관찰태도
- 반복훈련태도
- 위생관리태도
- 바른 작업태도
- 안전사항 준수태도

고려사항

- 튀김 능력단위는 다음 범위가 포함된다.
  - 튀김류 : 새우튀김, 고구마튀김, 단호박튀김, 오징어튀김, 깻잎튀김, 채소튀김, 고기튀김 등
- 튀김에 사용하는 기름은 옥수수유, 대두유, 포도씨유, 카놀라유 등 발연점이 높은 기름을 사용한다.
- 한번 사용한 기름은 산화되기 쉬우므로 이물질을 제거하여 적합하게 폐유 처리해야 하며 하수구로 흘려보내서는 안 된다.
- 튀김의 전처리란 다듬기, 씻기, 자르기, 수분 제거하기를 말한다.
- 튀김 온도는 170~180℃이며 전분식품은 호화를 위해 단백질 식품보다 조리시간이 오래 걸리므로 조금 낮은 온도에서 튀긴다.
- 튀김을 따뜻하게 제공하는 온도는 70℃ 이상을 말한다.
- 튀김은 초간장을 곁들여 낸다.

능력단위 명칭 :	한식생채·회조리
능력단위 정의 :	한식 생채·회조리란 채소를 살짝 절이거나 생것을 양념하는 조리이며 회조리는 데치거나 생것을 신선한 상태로 조리할 수 있는 능력이다.

능력단위요소	수행준거
1301010129_16v3.1 생채·회 재료 준비하기	1.1 생채·회의 종류에 맞추어 도구와 재료를 준비할 수 있다. 1.2 조리에 사용하는 재료를 필요량에 맞게 계량할 수 있다. 1.3 재료에 따라 요구되는 전처리를 수행할 수 있다. 【지식】 • 도구 종류의 사용법 • 재료성분과 특성 • 재료 전처리 • 재료 신선도 선별 【기술】 • 도구를 다룰 수 있는 능력 • 용도에 맞게 다룰 수 있는 능력 • 저장, 보관, 자르기의 능력 • 식재료의 신선도 선별능력 • 재료 전처리능력 【태도】 • 관찰태도 • 반복훈련태도 • 위생관리태도 • 바른 작업 태도 • 안전사항 준수태도
1301010129_16v3.2 생채·회 조리하기	2.1 양념장 재료를 비율대로 혼합·조절할 수 있다. 2.2 재료에 양념장을 넣고 잘 배합되도록 무칠 수 있다. 2.3 재료에 따라 회· 숙회로 만들 수 있다. 【지식】 • 생채, 회 조리 방법 • 양념 혼합 비율 계량 • 재료 선별 • 조리과정 중의 물리화학적 변화에 관한 조리과학적 지식 • 양념 재료 성분과 특성 • 조리특성에 따른 양념 첨가 순서

	【기술】	
	• 배합비율 능력 • 양념사용 능력 • 양념장의 숙성능력 • 재료 신선도 유지능력 • 회 썰기 능력	• 식감 있게 조리하는 능력 • 양념장 사용능력 • 영양소의 손실을 최소화하는 능력 • 채소의 색 유지능력
	【태도】	
	• 바른 작업 태도 • 실험조리를 수행하는 과학적 태도 • 안전사항 준수태도	• 조리과정을 관찰하는 태도 • 선도 관찰 태도 • 위생관리태도
1301010129_16v3.3 생채·회 담기	3.1 조리종류와 색, 형태, 인원수, 분량 등을 고려하여 그릇을 선택할 수 있다. 3.2 생채·회의 색, 형태, 분량을 고려하여 그릇에 담아낼 수 있다. 3.3 조리종류에 따라 양념장을 곁들일 수 있다.	
	【지식】	
	• 음식의 종류에 따라 그릇 선택	• 음식의 종류에 따른 적정온도
	【기술】	
	• 그릇과 조화롭게 담아낼 수 있는 능력 • 회를 신선하게 유지하는 능력	• 조리에 맞는 그릇선택능력
	【태도】	
	• 관찰태도 • 반복훈련태도 • 위생관리태도	• 바른 작업태도 • 안전사항 준수태도

고려사항

- 한식생채, 회조리 능력단위는 다음 범위가 포함된다.
  - 생채류 : 무생채, 도라지생채, 오이생채, 더덕생채, 부추생채, 미나리생채, 배추생채, 굴생채, 상추생채, 해파리냉채, 겨자냉채, 미역무침, 파래무침, 실파무침, 채소무침, 달래무침 등
  - 회류 : (생것)육회, (숙회)문어숙회, 오징어숙회, 미나리강회, 파강회 등
- 생채, 회조리의 전처리란 다듬기, 씻기, 삶기, 데치기, 자르기를 말한다.
- 생채 양념장은 간장이나 고추장을 기본으로 하여 고춧가루, 설탕, 식초, 소금 등을 혼합하여 산뜻한 맛이 나도록 만든 것이다.
- 냉채 양념장은 겨자장, 잣즙 등을 곁들인다.
  - 겨자는 봄 갓의 씨를 가루로 낸 것으로 갤수록 매운 맛이 짙어지므로 겨자가루에 40℃의 따뜻한 물을 넣고 개어서 따뜻한 곳에 엎어 20~30분 두었다가 매운맛이 나면 식초, 설탕, 소금, 연유를 넣고 잘 저어 주면 겨자장이 된다.
- 생채는 양념장을 사용하기도 하지만 고춧가루를 주로 사용하여 무칠 경우에는 고춧가루로 먼저 색을 고루 들이고 설탕, 소금, 식초 순으로 간을 한다.
- 회 양념장은 고추장, 식초, 설탕 등을 혼합하여 만든 것이다.
- 회와 숙회의 차이는 날것과 익힌 것을 말한다.
- 어채 : 포를 뜬 흰 살 생선과 채소에 녹말을 묻혀 끓는 물에 데친 다음, 색을 맞추어 돌려 담는 음식이다. 봄에 즐겨 먹으며, 주안상에 어울리는 음식이다. 어채는 차게 먹는 음식이므로 생선은 비린내가 나지 않는 숭어, 민어 등의 흰 살 생선을 이용하고, 표고, 목이, 석이버섯 같은 버섯류와 채소류가 쓰이며 해삼, 전복 같은 어패류를 사용하기도 한다. 초고추장과 함께 낸다.

능력단위 명칭 :	한식 숙채조리
능력단위 정의 :	한식 숙채조리란 채소를 손질하여 물에 데치거나 삶아 양념으로 무치거나 볶아서 조리할 수 있는 능력이다.

능력단위요소	수행준거
1301010130_16v3.1 숙채 재료 준비하기	1.1 숙채의 종류에 맞추어 도구와 재료를 준비할 수 있다. 1.2 조리에 사용하는 재료를 필요량에 맞게 계량할 수 있다. 1.3 재료에 따라 요구되는 전처리를 수행할 수 있다. 【지식】 • 도구 종류의 사용법 • 재료성분과 특성 • 재료 전처리 • 재료 신선도 선별 【기술】 • 도구를 다룰 수 있는 능력 • 용도에 맞게 다룰 수 있는 능력 • 저장, 보관, 자르기의 능력 • 식재료의 신선도 선별능력 • 재료 전처리능력 【태도】 • 식재료 특성 관찰태도 • 반복훈련태도 • 위생관리태도 • 바른 작업태도 • 안전사항 준수태도
1301010130_16v3.2 숙채 조리하기	2.1 양념장 재료를 비율대로 혼합·조절할 수 있다. 2.2 조리법에 따라서 삶거나 데칠 수 있다. 2.3 양념이 잘 배합되도록 무치거나 볶을 수 있다. 【지식】 • 삶는 방법 • 양념 재료 성분과 특성 • 조리특성에 따른 양념 첨가 순서 • 조리과정 중의 물리화학적 변화에 관한 조리과학적 지식 • 숙채 조리 방법 • 양념 혼합 비율 계량 • 재료 선별 【기술】 • 배합비율 능력 • 양념장 사용능력 • 영양소의 손실을 최소화하는 능력 • 식감 있게 조리하는 능력 • 양념장의 숙성능력 • 채소의 색 유지능력 【태도】 • 바른 작업 태도 • 실험조리를 수행하는 과학적 태도 • 안전사항 준수태도 • 조리과정을 관찰하는 태도 • 선선도 관찰태도 • 위생관리태도
1301010130_16v3.3 숙채 담기	3.1 조리종류와 색, 형태, 인원수, 분량 등을 고려하여 그릇을 선택할 수 있다. 3.2 숙채의 색, 형태, 재료, 분량을 고려하여 그릇에 담아낼 수 있다. 3.3 조리종류에 따라 고명을 올리거나 양념장을 곁들일 수 있다. 【지식】 • 음식의 종류에 따라 그릇 선택 • 음식의 종류에 따른 적정온도 【기술】 • 그릇과 조화롭게 담아낼 수 있는 능력 • 조리에 맞는 그릇선택능력

【태도】	
• 관찰태도	• 바른 작업태도
• 반복훈련태도	• 안전사항 준수태도
• 위생관리태도	

고려사항

- 숙채 조리 능력단위는 다음 범위가 포함된다.
  - 숙채류 : 고사리나물, 도라지나물, 애호박나물, 시금치나물, 숙주나물, 비름나물, 취나물, 무나물, 방풍나물, 고비나물, 깻잎나물, 오이나물, 콩나물, 머위나물, 시래기나물
  - 기타 채류 : 잡채, 원산잡채, 어채, 탕평채, 월과채, 죽순채, 칠절판, 구절판 등
- 숙채 조리의 전처리란 다듬기, 씻기, 삶기, 데치기, 자르기를 말한다.
- 숙채 양념장은 간장, 깨소금, 참기름, 들기름 등을 혼합하여 만들거나 겨자장을 사용한다.

한식조리의 개요

1. **직종명** : 한식조리

2. **직종정의** : 한식조리는 조리사가 메뉴를 계획하고, 식재료를 구매·관리·손질하여 정해진 조리법에 의해 조리하며 식품위생과 조리기구, 조리 시설을 관리하는 업무에 종사

3. **훈련이수체계(수준별 이수 과정/과목)**

수준	직종	한식조리	양식조리	중식조리	일식·복어조리
5	Master Chef	한과조리	조리외식경영		일식 모둠 초밥조리 복어 회 학모양조리 복어 회 국화모양조리
4	Head Chef	한식 면류조리 한식 찜·선조리 한식 구이조리 김치조리 장아찌조리 한식 메뉴관리 한식 전골조리 한식 볶음조리 한식 튀김조리 한식 숙채조리	양식 소스조리 양식 수프조리 양식 어패류조리 양식 육류조리 양식 파스타조리 양식 메뉴관리 양식 사이드 디쉬 조리 양식 디저트조리 연회조리 푸드 플레이팅	중식 냉채조리 중식 딤섬조리 중식 수프·탕조리 중식 볶음조리 중식 찜조리 중식 구이조리 중식 후식조리 중식 메뉴관리 중식 식품조각	일식 냄비조리 일식 튀김조리 일식 굳힘조리 복어 껍질굳힘조리 복어 튀김조리 복어 찜조리 일식 메뉴관리 일식 흰살생선 회조리 일식 붉은살생선 회조리 일식 패류 회조리 일식 롤 초밥조리 일식 알 초밥조리 복어 메뉴관리 복어 선별·손질관리 복어 샤브샤브 조리 복어 맑은탕조리 복어 초밥조리 복어 구슬초밥조리
3	Cook	음청류조리 한식구매관리 한식 조림·초조리	양식 구매관리	중식 면조리 중식 구매관리	일식 초회조리 일식 찜 조리 일식 구이조리 복어 구이조리 일식 구매관리 복어 구매관리
2	Cook Helper	한식 국·탕조리 한식위생관리 한식안전관리 한식 재료관리 한식기초조리실무 한식 밥조리 한식 죽조리 한식 찌개조리 한식 전·적조리 한식생채·회조리	양식 스톡조리 양식 전채조리 양식 샐러드조리 양식 조식조리 양식 위생관리 양식 안전관리 양식 재료관리 양식 기초 조리실무 양식 샌드위치조리	중식 절임·무침조리 중식 육수·소스조리 중식 튀김조리 중식 조림조리 중식 밥조리 중식 위생관리 중식 안전관리 중식 재료관리 중식 기초 조리실무	일식 무침조리 일식 국물조리 일식 조림조리 일식 면류조리 일식 밥류조리 복어 부재료 손질 복어 양념장 준비 복어 껍질초회조리 복어 죽조리 복어 술제조 일식 위생관리 일식 안전관리 일식 재료관리 일식 기초조리 실무 복어 위생관리 복어 안전관리 복어 재료 관리 복어 기초조리실무
-		**직업기초능력**			

해당 직종(음영)의 훈련과정을 편성하는 경우 훈련과정별 목표에 부합한 수준으로 해당 직종에서 제시한 능력단위를 기준으로 과정/과목을 편성하고, 이외 직종의 능력단위를 훈련과정에 추가 편성하려는 경우 유사 직종의 동일 수준의 능력단위를 추가할 수 있음

한국산업인력공단 출제기준에 의한

조리기능사 한식 실기

정가 19,000원

발 행	2023년 1월 5일
인 쇄	2022년 7월 11일
저 자	양진삼·김정민 외
발 행 자	이 성 태 / 李 星 兌
발 행 처	경록 / 景鹿
주 소	서울시 강남구 영동대로 114길 7(삼성동 91-24) 경록사옥
문 의	02)419-4630
홈페이지	www.kyungrok.com
팩 스	02)556-7008
등 록	제16-496호
ISBN	979-11-92336-33-6 13590

저자협의인지생략

www.kyungrok.com
대표전화 02)419-4630

이 책의 무단복제·복사를 금함

이 책은 저작권법에 의해 저작권이 보호됩니다. 무단전재 또는 복제행위는 이 법 제136조에 의해
5년 이하의 징역 또는 5,000만원 이하의 벌금에 처하거나 병과(併科)할 수 있습니다.